13歳からのキリスト教

佐藤 優

青春新書
INTELLIGENCE

JN110418

はじめに

中学1年生（13歳）になると、いままでと楽しいことが変わってきます。

わたしは小学生時代、軍用機《ぐんようき》や軍艦《ぐんかん》のプラモデル作りに熱中していました。それが中学生になるとまったく面白くなくなってしまい、アマチュア無線《むせん》に関心が移りました。50メガヘルツ（6メーターバンド）での通信が楽しくて仕方なかったのですが、中学1年生の秋には読書に関心が移り、無線機はほこりがかかったままになってしまいました。

読書が好きになったのは、本を通じてさまざまな代理経験《だいりけいけん》ができるからでした。本好きはその後も変わらず、いまになって振り返るとそのことが、わたしが職業作家になる道備《みちぞな》えをしたのだと思います。

13歳になると自分を取り巻く世界が変化します。学校の勉強も、小学生時代とは比較にならないほど難しくなります。将来の進路についても、徐々に考えなくてはならなくなります。

また、「僕（わたし）ってなんなのだろう」ということについても考えるようになります。

自信と不安が交錯《こうさく》します。自分にはなんでもできるような気がします。同時に自分は何もできない無意味な人間であるという不安も強まります。こういう感情が生まれるのは、あなたが内面《ないめん》への旅を始めたからです。このことを自分探しと言い換《か》えてもいいでしょう。

そういう人たちにキリスト教の遺産《いさん》を活《い》かしてほしいと思って、わたしはこの本を作りました。わたしはプロテスタントのキリスト教徒です。プロテスタントがどういう考え方をしているかについては、本書でくわしく説明しています。プロテスタントの人たちは、ていねいに聖書《せいしょ》を読みます。人生のすべての問題を解く鍵が、すでに聖書に記《しる》されていると考えます。

「門前《もんぜん》の小僧《こぞう》、習《なら》わぬ経《きょう》を読む」という言葉があります。お坊さんになる修行のためにお寺に住み込んでいる若い人たちは、習ったわけでもないのに難しいお経を読むことができるという意味です。お坊さんたちが、毎日、声を出して読んでいるお経を聞いているうちに、自然にそれを暗誦《あんしょう》してしまうということでしょう。

わたしも似たような経験があります。わたしの母も、プロテスタントでした。幼稚園児のころから、わたしは母に手を引かれ、教会の礼拝《れいはい》や信徒《しんと》の家で行われる家庭集会に連れて行かれました。そこで聖書を読んで、賛美歌《さんびか》を歌いました。そうしているうちに主要な聖書の言葉をいつの間にか暗記しました。このとき覚えた聖書の言葉が、それから数十年経《た》って、人生の難しい問題に直面《ちょくめん》したときに、解決のヒントを与えてくれました。その経験をわたしはこの本を通じてみなさんに伝えたいと思っています。

とくに重要なキリスト教の教えは、罪《つみ》に関するものです。罪とは犯罪という意味ではありません。人間を悪に引き寄せてしまう、目には見えないけれども、確実に存在する力のことです。どの人にも、１人の例外《れいがい》もなく、罪があるとキリスト教では強調します。この現実についてパウロはこう述べています。

「私は、自分のしていることが分かりません。自分が望むことを行わず、かえって憎《にく》んでいることをしているからです。もし、望まないことをしているとすれば、律法《りっぽう》を善《よ》いものとして認めているわけです。ですから、それを行っているのは、もはや私ではなく、私の中に住んでいる罪なのです。

私は、自分の内《うち》には、つまり私の肉《にく》には、善《ぜん》が住んでいないことを知っています。善をなそうという意志《いし》はあっても、実際には行わないからです。私は自分の望む善は行わず、望まない悪を行っています。自分が望まないことをしているとすれば、それをしているのは、もはや私ではなく、私の中に住んでいる罪なのです。

それで、善をなそうと思う自分に、いつも悪が存在するという法則に気付きます。内なる人としては神の律法を喜んでいますが、私の五体《ごたい》には異《こと》なる法則があって、心の法則と戦い、私を、五体の内にある罪の法則のとりこにしているのです。

私はなんと惨《みじ》めな人間なのでしょう。死に定《さだ》められたこの体から、誰が私を救《すく》ってくれるでしょうか。私たちの主《しゅ》イエス・キリストを通して神に感謝します。このように、私自身は、心では神の律法に仕《つか》えていますが、肉では罪の法則に仕えているのです。」（ローマの信徒《しんと》への手紙7章15〜25節、『聖書　聖書協会共同訳《きょうどうやく》』）

人間関係で悩んでいるとき、思うとおりの進学ができなさそうなときなどには、だれでも落ち込んでしまい嫌《いや》なことを考えるものです。そんなときにはパウロが述べたこのことに素直に耳を傾けてください。

あなた自身が悪いのではありません。いくら努力しても、負《ふ》の気持ちを解消《かいしょう》することができないのは、あなたの心の奥底《おくそこ》に潜《ひそ》んでいる、罪の力によるものなのです。罪が形になって現れると、悪になります。悪から逃れるためには「神様、どうかわたしを助けてください」と、イエス・キリストを通して祈ることです。こうすることでキリスト教は不幸を克服《こくふく》し、幸せになれると教えます。

世の中には、さまざまな悪が満ちあふれています。学校では悪について教えません。悪について学び、それを克服する力をつけるために聖書の言葉はとても役に立ちます。

本書を上梓するにあたっては青春出版社の赤羽秀是さん、フリーランスの編集者でライターの本間大樹さんにたいへんにお世話になりました。どうもありがとうございます。

2021年6月24日、曙橋（東京都新宿区）の自宅にて

佐藤優

13歳からのキリスト教――目次

第2章

はじめてでもわかる「キリスト教超入門」

第3章 イエス・キリストの生涯と、伝えたかったこと

第5章

試練の人生を支えてくれた「わたしのキリスト教」

■本文中の聖書の引用には、特別に記載のない場合をのぞき、『聖書新共同訳』（日本聖書協会）を使用しました。たとえば「マタイによる福音書19：23-24」と記載の場合、「19：」は、マタイによる福音書の「19章」を、「23-24」は「23節から24節まで」を引用しています。

企画協力　本間大樹
本文デザイン・DTP　佐藤純（アスラン編集スタジオ）

第1章

人生の悩み、キリスト教ならこう解決する

大人になるほど、「生きる意味」を真剣に考えなくなる

生きるとはどういうことだろう？　愛とはなんだろう？　友達や親友とは？　家族とは？　社会とは？　正義や悪とは？　死とは？　若いときは、さまざまなことに疑問を持ったり、矛盾《むじゅん》を感じたり、葛藤《かっとう》したりするものです。

ところがこういう疑問は、大人になるほど真剣に考えなくなります。というより、考えようとしなくなります。

社会に出て仕事をし、結婚して子どもができれば、毎月の支払いのこと、家のローンのこと、仕事のノルマや売り上げのこと、子どもの学費のこと、親の病気のこと、年金《ねんきん》のこと、保険のことなど、すぐにクリアしなければならない現実的な問題がたくさん出てきます。大人に「生きる意味ってなに？」と尋《たず》ねれば、だいたいが「そんな哲学的なことを考えている余裕などない。とにかくわたしは忙しいんだから」と答えます。

いい年をして、愛だとか、友情だとか、生きる意味だとか、そんな人生哲学みたいなことで悩んでいるのは青くさい。そんなこと考えるなんて、時間のムダだとさえ言う大人もいます。

けれども、これらのことを真剣に考えることは、生きていく上でとても重要なことです。こうした問題について考え、自分なりの答えを持つことが、その人の人格をつくり、生きる強さをつくるからです。どんなに大人であっても、生きる哲学を持たない人、自分の〝軸《じく》〟がない人は、何かがあったときに、あっという間にダメになってしまいます。

生きる意味について考えるとき、あるいは人生上でなにか困難や試練《しれん》にぶつかったとき、キリスト教は、強い味方になってくれます。

キリスト教の教典である「聖書」をひもとけば、生きる悩みを解決してくれるさまざまなヒントがたくさんちりばめられています。昔からキリスト教徒たち、とくにプロテスタントと呼ばれる教派《きょうは》の人たちは、「心強い相談相手」として、聖書をいつもそばに置いていました。

ただ、聖書をいきなり読むのは難しいかもしれません。

この本では、聖書の言葉をいろいろ引用して説明していますし、はじめてのみなさんに向けて聖書の読み方も解説しますから、この本をきっかけに、みなさんに聖書に触れるようになってもらえれば、著者として、これほどうれしいことはありません。

聖書を読み込んでいくと、新しい洞察《どうさつ》やひらめき、これまで常識をくつがえしてくれるような発想が得られます。

とくに、悩んでいたり苦しんでいたり絶望していたり悲しみに打ちひしがれていたりするときほど、聖書の言葉は、こころに響きます。

一人では問題に立ち向かえないとき、一人では悩みが解決できないとき、聖書は心強い味方になってくれるのです。

大人になればなるほど、「自分には悩みなんかない」という人が増えます。大人のプライドなのかもしれませんが、ほんとうは悩みのない人間など一人もいないのです。

「悩みなんかない」という大人がいたら、じつは、悩みにフタをしてしまっているだけです。「悩まないでおこう」と、見て見ぬふりをしているのです。

向き合うべき悩み、向き合うべき問題には、しっかりと立ち向かわなくてはなりません。悩みや問題を乗り越えることで、人は一段大きく成長していくものだからです。問題を見ないようにして先送りすることは、人間としての成長を先送りしていることになるのです。

お金持ちを目指す人生は、はたして正しい人生なのか

聖書を読むと、わたしたちがふだん当たり前だと思っていること、正しいと思っている

ことが、じつは間違っているかもしれないと気づかせてくれます。

たとえば努力して勉強して、将来は、フェイスブック創始者《そうししゃ》のマーク・ザッカーバーグや、アマゾン創始者のジェフ・ベゾスのように、成功して金持ちになりたいという夢を思い描いてたとしましょう。事業をおこして成功してお金持ちになる人は、いまの世の中ではヒーローですし、みんなから賞賛《しょうさん》されます。

ところが、聖書のなかで、イエス・キリストはこう言っています。

「はっきり言っておく。金持ちが天《てん》の国《くに》に入るのは難しい。重ねて言うが、金持ちが神の国に入るよりも、らくだが針の穴を通る方がまだ易《やさ》しい。」（マタイによる福音書《ふくいんしょ》19・23－24）

らくだが針の穴を通ることはまず不可能ですから、金持ちが天国に行くことはまず不可能だ、と言っているのです。

あるとき、お金持ちの青年が、イエスのもとにやって来ます。

お金持ちの青年は、「天国に行くには、どんな善《よ》いことをすればよいのでしょうか」と聞きました。するとイエスは、「掟《おきて》を守りなさい」と言います。

掟とは、ユダヤ教徒が古くから守ってきた「律法《りっぽう》」といわれる戒律《かいりつ》のことです。ユダヤ教は、当時の人々に広く信仰《しんこう》されていた宗教です。

その掟のなかでも、イエスはとくに「殺すな、姦淫《かんいん》するな、盗むな、偽証《ぎしょう》するな、父母を敬《うやま》え、また、隣人《りんじん》を自分のように愛しなさい」という掟を守りなさい、と言うのです。

お金持ちの青年は、「それなら全部守ってきましたが、ほかになにか欠けているでしょうか」と尋ねます。するとイエスは、もしも天国に行きたいのなら「持ち物を売り払い、貧《まず》しい人々に施《ほどこ》しなさい。そうすれば、天に富《とみ》を積むことになる」と答えます。つまり、その青年がいま持っている全財産を、すべて売り払えと言うのです。

青年は悲しみながら立ち去ります。手放すのが惜《お》しいほどの、たくさんの財産を持っていたからです。

お金と財産をたくさん得ることは、この世では成功者です。しかし、天国に行きたいなら、お金と財産をすべて手放しなさい、とイエスは言うのです。

キリスト教を学ぶと、これまでの人生観がまるで変わる

いまの世の中では、大人はみんな、お金を稼《かせ》ぐことに一生懸命になっています。また大人たちは、もっとお金持ちになれば、もっと幸せになれると信じています。

しかしイエスは、お金儲《かねもう》けをとても嫌っていました。

イエスが、エルサレム（キリスト教・ユダヤ教の聖地《せいち》）にある神殿《しんでん》に入ったとき、売り買いをしていた商売人を追いはらい、両替人《りょうがえにん》のテーブルや、鳩《はと》を売る人の腰掛《こしか》けを倒してしまいます。

「こう書いてある。『わたしの家は、祈《いの》りの家と呼ばれるべきである。』ところが、あなたたちはそれを強盗《ごうとう》の巣にしている。」（マタイによる福音書21：13）

「こう書いてある」というのは、「ユダヤ教徒が守るべき教えには、こう書いてある」ということです。

「わたしの家」というのは、エルサレムの神殿のことを指します。そこは祈りを捧《ささ》げるところであって、商売をするところではありません。

そして、イエスは商売をしている人たちを、はっきりと「強盗」と言っています。

商売でお金を稼ぐことの基本は、原価《げんか》（商品を仕入《しい》れた値段）よりも、高い値段でそれを売ることとです。本来の価値よりも高い値段をつけて、その利ザヤを稼ぐ行為が「商売」です。

ところがイエスからしたら、それは「強盗」のような行為なのです。

この考え方は、いまのわたしたちの社会の価値観とはまったく違いますよね。現代の社会は、商売を自由に行い、お金とモノ（商品やサービス）を流通《りゅうつう》させることで成り立っていますo こうした社会を専門的な言葉で、「資本主義社会《しほんしゅぎしゃかい》」と言います。

資本主義社会は、商売をして、お金を少しでも多く稼ぐことが、奨励《しょうれい》される社会です。それが、社会全体を豊かにすると信じられています。だから勉強して、良い大学へ行き、稼ぎのいい会社に入る。こうした考え方も、この社会では良しとされることです。

ところがイエスの立場から見れば、それは決して正しい社会ではない。利益を稼ぐことだけを目的とした商売やビジネスは、イエスにとっては、強盗と同じだからです。

このようにキリスト教の考え方は、現代に生きるわたしたちの考え方と、まったく違う視点のものがたくさんあります。わたしたちが、絶対正しいとか、これが当たり前だとか、これが常識だと考えていることが、キリスト教に触れると、必ずしもそうでもないことに気づかされます。

この気づきを得ることで、人生に対する見方《みかた》も変わってくるのです。

† I. 人間関係の悩み

ここからは、具体的な人間関係の悩みについて、キリスト教の立場から答えていこうと思います。

人間は、社会的な動物と言われています。どんなに強い人でも、ひとりでは生きていけないのが人間です。コミュニケーションを取り、人間関係を築《きず》いて、社会をつくります。

キリスト教でも、人間関係を重視します。しかし、群《む》れて社会をつくるため、という意味ではありません。

「神の愛は、人と人との関係づくりによって、より鮮明《せんめい》にわかる」という考え方があるからです。つまり、誰かとの関係を通して、神への愛を理解することができるからです。

あるときイエスが、ある人に、「どの掟《おきて》が最も重要でしょうか」と問われ、次のように答えます。

「『心を尽《つ》くし、精神を尽くし、思いを尽くして、あなたの神である主《しゅ》を愛しなさい。』これが最も重要な第一の掟である。第二も、これと同じように重要である。『隣人《りんじん》を自分の

ように愛しなさい。』」（マタイによる福音書22・37－39）

もっとも大事なことは、こころを尽くして、「神を愛することだ」と、まずイエスは言います。

続いて、それと同じくらいに大切なこととして、「隣人《りんじん》を愛することだ」と言うのです。

「隣人」とは「隣《となり》の人」です。

さて、みなさんの隣にいる人は誰でしょうか？　家にいるとき家族でしょうし、学校にいるときは友達でしょう。

でもよく知っている人だけが、「隣人」とは限りません。電車に乗っているとき、隣に座った人かもしれません。コンビニの店員さんかもしれないし、ただ街ですれ違っただけの人かもしれない。

イエスが「隣人」と言うとき、それは誰か特定の人だけということではなく、あなたと具体的に関係するすべての人ということになります。つまり、人間関係の全体、さらに広げるなら、社会全体ということです。そういう人たちを、分けへだてなく、自分のように愛しなさいというのです。

神様を愛するというのはピンとこなくても、「隣人を愛する」ということは、わかりますよね。思いやりをもって人と接し、優しくしてあげる。

そうやって、隣人に思いやりをもって接することができると、神を愛することの意味もわかるというのです。

ここで気づいてもらいたいのは、「隣人を自分のように愛しなさい」のなかの、〝自分のように〟という部分。つまり、「自分を愛する」ことが大前提《だいぜんてい》ということです。

「自分を愛する」というのは、自分さえよければいい、というわがままとは違います。自分を認め、尊重《そんちょう》し、大切にすること。自分を犠牲《ぎせい》にして、誰かの言いなりになったり我慢《がまん》したりするのではなくて、自分の気持ちを大切にすること。これを専門的な言葉で、「自己重要感《じこじゅうようかん》」とか「自己受容感《じこじゅようかん》」と言います。

自分を愛せる人は、自分に自信があります。自分の考えや気持ちに従《したが》って、自由に生きることができます。そして自分を尊重し大切にすることができる人だからこそ、同じように、他人を認め、大切にすることができるのです。

この基本を押さえたら、人間関係はおのずとうまくいくようになります。細かなテクニックに走る必要はありません。

次から、具体的な人間関係の悩みで見ていきましょう。

Q1. 口下手《くちべた》で、うまく人づき合いができません。こんな自分でも、親友をつくることができますか？

どんなに口下手だろうと、友達はできます。

人はそれぞれ個性があり、感性や考え方、趣味嗜好《しゅみしこう》が違います。自分と同じようなタイプに興味を持つ人もいれば、自分とまったく違うタイプに興味を持つ人もいます。あなたのような口下手なタイプに興味を持ってくれる人も、世の中にはけっこういるはずです。

大事なことは、友達をつくろうとして自分を取りつくろったり、かっこ良く見せようとしたりするのではなく、ありのままの自然なあなたでいることです。「友達をつくりたい」という気持ちが前面に出て、肩に力が入るほど、人はその不自然さに違和感を覚えて離れていってしまいます。仮に、「偽《いつわ》りの自分」を演じて友達ができたとしても、いずれあなたは、それを演じ続けることに疲れてしまうでしょう。

イエスは、「自分を愛するように隣人を愛しなさい」と言いました。

あなたは、口下手な自分を愛していますか？

口下手ということをマイナスに感じているかもしれませんが、それはあなたの大切な個性です。キャラクターです。ある人にとっては、とても魅力的に見えます。だから、そういう自分の個性を認めてあげましょう。

そうやって、ありのままの自分を受け入れ、自分を信頼している人は、周囲から見ると魅力的に見えるものです。自然と、人が近寄ってくるでしょう。

まず、自分を愛すること。それが、友達づくりの第一歩です。

弱点も個性。人づき合いの基本は、弱点を認め合うこと

そして友達ができたら、関係を長く続けるためには、相手の弱点も受け入れることです。関係が続くと、ときに相手の嫌《いや》なところも見えてきます。でも、それを受け入れてあげる。それが自分を愛するように、人を愛するということです。

受け入れるというのは、相手におもねったり、こびを売ったりすることはありません。「それ、よくわかるよ」「そうそう、そう思うよ」などと、相手の話を否定せずに、しっかりと聞いてあげる。自分の考えとは違っていても、「友達からは、そういう風に世界は見えているんだな」と、相手のこころの世界を知る気持ち。ちょっと難しい言葉で言うと、「相手の内在的論理《ないざいてきろんり》を知る」といいますが、それが、受け入れるということです。

少なくとも、相手が不快になったり、嫌な気持ちになったりするような言葉は言わないようにしましょう。よく、皮肉《ひにく》を言ったり嫌みを言ったりして、相手より上に立ちたがる人がいます。そういう人は、人を愛することより、自分が上に立つことのほうが大事なのです。そういう人からは、人が離れていきます。

自分に対して誠実に向き合うように、他人に対しても誠実に向き合う。本当のことを包み隠さず述べることはできないですが、嘘《うそ》はつかない。陰口《かげぐち》や悪口は言わない。そうやって関係を続けていると、自然にお互いの理解が深まり、大切な人になっていきます。

還暦《かんれき》を過ぎたいまになって、いっそうそう思うのですが、良い友は、ほんとうに人生の宝です。ある場面では、家族や恋人以上にあなたを助け、力づけてくれる存在となってくれます。どんなに出世《しゅっせ》しても、どんなにお金持ちになっても、友愛《ゆうあい》を分かち合う友達のいない人生は、むなしく、つまらないものです。

数えるほどでもいい。ほんとうに良い友達、親友を持つことができたなら、あなたは人生の勝者、勝ち組です。

Q2. 周囲の評価《ひょうか》がとても気になります。どう思われているのか、気になり出すと不安が止まりません

周囲の評価が気になるのは、誰でも同じです。それは人間が、社会的な動物である限り仕方のないことです。あなたと同じように、周囲の人もまた、評価や評判《ひょうばん》を気にしながら生きています。若くて多感《たかん》な時期には、なおさら、他人の目線が気になります。

ただ、評判を気にし過ぎるのは問題です。

いまの時代は、SNSでお互いに情報を交換できるので、よけいに周囲の反応を気にする人が増えています。ラインの返事とか、ツイッターのフォロワー数とか、フェイスブックの「いいね」とか、常に気にしている人もいます。「みんながあまり『いいね』を押してくれないけど、なにか気にさわる投稿《とうこう》したかな…」「ラインが既読《きどく》スルーされたけど、嫌われた?」などと、過剰《かじょう》に周囲の反応に敏感《びんかん》になっています。

こういう社会だから仕方ない部分もあると思いますが、ときどきはそういったデジタルの世界から離れて、「自分の内面の声」に耳を傾《かたむ》ける習慣を持ちましょう。

好きな作家の小説や漫画に没頭《ぼっとう》する。気になっていた映画を見る。名曲と言われている

音楽を聴く。

「自分は、こういう小説がやっぱり好きだな」「この映画は、なにかわたしのこころの奥のほうを揺《ゆ》さぶる」「こういうジャンルの音楽が、一番自分に合っている」。そうやって自分の「好き」「お気に入り」を見つけていくことが、自分の内面の声を聞くことであり、自分と対話《たいわ》することです。

そうするとだんだん、自分なりの価値観がつくられていきます。自分の世界に没頭する時間が、あなたをつくり上げていくのです。

SNSでおしゃべりしてばかりでは、自分なりの価値観はなかなかつくれません。自分なりの価値観がしっかりできてくれれば、周囲の評価や評判にいたずらに振り回されることが少なくなります。

移《うつ》ろいやすい他人の評価より、神様はどう見ているか

わたしのようなキリスト教徒は、神様のような超越《ちょうえつ》した存在を思い描くことで、周囲の意見に振り回されなくなります。

周りがどう思っているとか、世間体《せけんてい》とかは二の次で、「神様だったら、わたしの行動を、

どう判断なさるだろうか」と考えるのです。たとえ誰も見ていなくても、神様にはすべて見られている気がする。だから、それによって自分の行動を改めることもあります。

日本人も昔から、「お天道様《てんとうさま》が見ているよ」という言葉を使いますよね。お天道様の目を気にすることは、とても大切なことです。

他人の目は気にしない。それより「見えない存在」の目を気にする。

神様の目を想像するのが難しければ、自分のこころのなかにある良心でもいいですし、あるいは、あなたのご先祖様《せんぞさま》のような存在でもいい。なにかしら自分を超えて、自分を見守っている存在を意識してみましょう。

そうやって「目に見えない存在」を意識する習慣を持てば、周囲の目や評価などは、さほど重要なものではないと感じられるようになります。

Q3. いじめを受けている人がいます。何もできなくて自己嫌悪《じこけんお》に陥《おちい》ります。どうしたらいいですか？

いじめられる人の側に立って、いじめる人たちと戦い、苦しんでいるその人を救ってあげられたら、それは理想だし、一番かっこいい生き方ですよね。でも、それは実際には、とても難しい。大勢を敵に回しても戦う勇気のある人は、なかなかいません。

しかし、あなたが自己嫌悪に陥るということは、「自分が悪いことをしている」という自覚があるからです。このことは、とても重要です。いじめの主犯格《しゅはんかく》のように、悪いことをしている自覚もなくて、悪いことをしている人たちもいるのですから。

あなたのなかに、良心が生きているということです。宗教の立場で言えば、神様の声です。どうかその声のほうに従ってください。

いじめる人たちと戦うことは、怖《こわ》くてできないかもしれない。ですが、「自分は、いじめには絶対加わらない」という態度を、まずしっかりと持ってほしいと思います。その上でもし可能であれば、こっそりと、いじめられている人に寄りそってあげる。SNSでつながっているのであれば、ときどき、話を聞いてあげるのもいいでしょう。それだけでも、勇気づけられるはずです。

それはその人のため、というだけでなく、自分のためでもあります。自己嫌悪しているのに、望まない行動を続けることは、もっと自分を嫌いになっていくことです。これでは、自分を愛せませんよね？

勇気を持って悪を遠ざけ、弱い人の味方になることができたあなたは、自分を信じることができます。それが、自分を愛するということです。

いつも「いじめられている人」の味方だったイエスに学ぶ

じつはイエス・キリストも、「いじめられた側」でした。イエスの教えは、当時、支配的だったユダヤ教指導者たちの教えと違うところがありましたし、ときにその指導者たちを、批判するような言動をしたからです。

しかしイエスは、こう言います。

「義《ぎ》のために迫害《はくがい》される人々は、幸《さいわ》いである、天の国はその人たちのものである。」（マタイによる福音書5・10）

長い歴史のなかで、正義を語る人は、ほんとうのことを言われると都合《つごう》の悪い権力者たちによって迫害されることがたくさんありました。しかしイエスは、迫害されても負けるな、天国はあなたたちのものなのだから、と言います。

当時、税を取り立てる「徴税人《ちょうぜいにん》」という職につく人は、誰からも嫌われていました。ところがイエスは、人々に嫌われている徴税人や罪人《つみびと》と一緒になって食事をしていました。

ユダヤ教の権威者《けんいしゃ》たちは、これを見て驚きます。差別《さべつ》されている人たちと、一緒に食事をとることなど、彼らからすればあり得ないことだったからです。

イエスは、こう言います。

「医者を必要とするのは、丈夫《じょうぶ》な人ではなく病人である。『わたしが求めるのは憐《あわ》れみであって、いけにえではない』とはどういう意味か、行って学びなさい。わたしが来たのは、正しい人を招《まね》くためではなく、罪人《つみびと》を招くためである。」（マタイによる福音書9:12–13）

イエスは、差別されている人、罪を犯した人、ほかの人から迫害されている人を、自分も一緒になっていじめるようなことはしません。むしろ、そういう「いじめられている側」の人たちに寄りそって、助けました。

当時、不倫《ふりん》を犯《おか》した女性はとても罪が重いとされ、石打《いしう》ちの刑に処《しょ》せられました。大勢で取り囲んで石を投げつけて、打ち殺して死にいたらしめるという残酷《ざんこく》な処刑法です。

あるときイエスが教えを説いていると、不倫した現場を捕まえられた女性が連れられてきました。これからまさに石打ちの刑に遭《あ》うところでした。ユダヤ教の学者が、イエスに言います。「こういう女は石で打ち殺せと、ユダヤ教の掟に書いてあります。あなたは、どう考えますか」と。ユダヤ教の掟に従うならば、女性は石で打ち殺すことは、正しいことになります。

しかし、イエスはこう言います。

「あなたたちの中で罪を犯したことのない者が、まず、この女に石を投げなさい。」（ヨハネによる福音書8・7）

こういうと、彼女を取り囲んでいた人たちは、一人、また一人とその場を立ち去っていきました。誰も、「一度も自分は、罪を犯したことがない」と思う人はいなかったからです。自分だって完全ではないはずの人間が、誰かの罪を裁《さば》いたり、それを理由に傷つけたりすることは間違っている、とイエスは言いたかったのです。

罪を犯してしまった人や差別されている人。イエスは、このような弱い立場の人こそ、憐《あわ》れみ、助けました。

ところが、いまはどうでしょう。競争社会のなかで、誰もが強さを求め、周りに勝とうとします。自分より弱者を叩《たた》き、支配しようとします。いじめは、こうした社会のひずみから生まれてくるのです。自分が競争に勝ち残るためには、弱者に寄りそおうとか、いじめられている人を助けようとか、そんな余裕もありません。

聖書には、こんな言葉があります。

「キリストの力がわたしの内《うち》に宿《やど》るように、むしろ大いに喜んで自分の弱さを誇《ほこ》りましょう。それゆえ、わたしは弱さ、侮辱《ぶじょく》、窮乏《きゅうぼう》、迫害《はくがい》、そして行《い》き詰《づ》まりの状態にあっても、キリストのために満足しています。なぜなら、わたしは弱いときにこそ強いからです。」（コリントの信徒への手紙Ⅱ 12：9－10）

人間は、本来弱いものです。自分の弱さを認め、相手の弱さも認める。聖書は、そういう人こそ強い人だ、と語っています。こういう姿勢の人は、弱いものをいじめるなんてことはしないでしょう。

† Ⅱ・仕事や将来の悩み

江戸時代、士農工商《しのうこうしょう》という身分制度がありました。生まれたときから、士（武士）、農（農民）、工（職人）、商（商人）の身分が決まっていて、その身分のなかで暮らしていました。ほとんど農民は武士になろうとは考えなかったし、武士は武士で、ほかの身分の世界に踏《ふ》み入れようとしません。「分《ぶん》をわきまえる」とか「分際《ぶんざい》」という言葉は、そんな身分制度から生まれた言葉です。

現代は、誰もが平等に義務教育を受けられて、成績が良ければ、高度な職業につくことができます。一見、自由な社会システムですが、早い段階から偏差値《へんさち》によって能力を評価され、その数字で仕分けされ、その進路が限定されてしまうということです。目に見えにくいですが、実際には、能力による階級《かいきゅう》がつくられているのです。

もっとわかりやすくいうと、学校にいる段階で、「自分の能力なんて、こんなものだ」とあきらめさせてしまうシステムだと思います。自分の能力の限界を、社会に出てもいないのに突きつけられる。能力の限界を突きつけられた人は、「自分の偏差値レベル」でしか、将来の夢や、つきたい仕事を考えることができなくなってしまう。

わたしはこういう教育のシステムが決して良いとは思いません。かといって、このシステムがすぐ変わるわけでもない。

だとしたら現実的には、勉強をがんばるしかない。勉強をがんばれば、それだけ、未来の選択肢が広がるからです。偏差値偏重主義《へんちょうしゅぎ》が良いとは思いませんが、社会システムがそうである以上、仕方ありません。

Q1. 勉強が嫌いです。いい収入を得るなら、学歴とは関係ない、芸能人になればいいのでは？

まず知っておいてもらいたいのは、芸能人になって売れる確率は、東大に入って官僚になったり、ベンチャーを起業して成功したりする確率より、はるかに低いということです。いい収入を得たいというだけなら、それなりの大学へ行って有名企業や役所《やくしょ》に就職するとか、あるいは高度《こうど》専門知識を活用するフリーランスになるほうが、はるかに道のりはたやすいです。「高収入を得るためには、よく勉強して、高学歴を手に入れなさい」という大人の理屈《りくつ》は、確率的に言えば、理にかなっています。

ただし、それが人生の幸せ、満足感につながるかどうかは、まったく別の問題です。

わたし自身、埼玉県で一番の進学校と言われている、県立浦和《うらわ》高校に進みました。そのなかでさらに偏差値を競《きそ》い合《あ》うわけですから、なんだか油断《ゆだん》できない雰囲気がありました。

正直言って、わたしは受験のための勉強が嫌いでした。しかし、浦和高校に進むために通っていた進学塾で、勉強のほんとうの面白さを知った経験があります。

塾の講師は、ユニークな人が多くいました。

国語の講師は、小説を読む面白さを教えてくれました。ヨーロッパや日本の自然主義文学、夏目漱石《なつめそうせき》や森鷗外《もりおうがい》といった文豪《ぶんごう》の作品、それからそのころの売れっ子作家の作品まで、その講師のおかげで、たくさん乱読《らんどく》することができました。

数学の講師もとても面白い人でした。ある日、受験対策が終わった後、30分ほど、受験とは関係のない数学の話をしてくれました。

ふつう数学では、「平行線はどこまで行っても交わらない」と教わります。ところが、「平行線は交わるという場合もある」と、その講師は言うのです。わたしは不思議に思い、その話に引き込まれました。その講師は言います。

「たとえば地球儀を持ってきて、赤道上に、2つの地点を取ります。それぞれの点から、赤道に垂直《すいちょく》な直線を、地球儀の面にそって引いて、伸ばしていきましょう。1本の直線（赤道）に対して、いずれも90度の角度の線なわけですから、2つの線は、平行線のはずですよね。ところが、この2直線は、北極点と南極点で交わります」

なるほど、とわたしは思いました。ふだん習っている平行線の定義《ていぎ》は、あくまでも「平面上」という条件だから成り立つこと。球面になれば、その定義は通用しないのです。

「正しい、とわたしたちが考えていることは、あくまでも条件付きの正しさなのか、それともそうでないのかを、しっかりと見極《みきわ》める必要があります」と、その講師は話してくれました。これは数学にかかわらず、生活のなかや、人生においても言えることです。

こんなことを塾の講師が教えてくれるので、わたしはすっかり、勉強が面白くなりました。受験勉強のように、受験で合格するためだけの勉強もあれば、それとは違った、「真《しん》理《り》を知る面白さ」を味わうための勉強もあるのです。

自分の知らないことを学ぶことで、人生はより自由になる

聖書にも、真理を知ることの大切さが語られている部分があります。

「真理はあなたたちを自由にする。」（ヨハネによる福音書8：32）

真理を学ぶと自由になれるんだよ、とイエスは言うのです。なぜ、自由になれるのでしょうか？

わたしたちは、生活を送っているなかで、じつはさまざまな考え方にとらわれています。たとえば、「お金をたくさん稼がなければ、幸せになれない」とか、「会社勤《づと》めしないと、不安定な生活に陥《おちい》り、不幸《ふしあわ》せになる」とか…。

ところが広く世の中を見わたすと、お金をたくさん持っているけれど、家族や友達との関係がうまく行かず、孤独な人もいます。大きな安定した会社に勤めても、会社の言いなりになるしかなくて、疲れ切っているビジネスパーソンはたくさんいます。

自分の勝手な思い込みで、「こうでなければならない」とか、「これが唯一《ゆいいつ》の正しい方法だ」と考えて、自分で自分をしばりつけていることは、けっこうたくさんあるのです。

ところが、いろんなことを勉強し、いろんな価値観を学ぶと、「待てよ。いままでこれが正しいと思っていたけど、こういう考え方もあるんだな」とか、「これが最善と思っていたけれど、じつは違うかもしれないな」と、思えるようになります。

そうすると、自分の思い込みから解放されて、自由になれるのです。

世の中には大切に見えて、じつはそれほど大切でもない物事がたくさんあります。

いつも手放さないでいるスマホは、ほんとうに生きていく上で、それほど必要なものでしょうか？　SNSで友達といつもつながっていることが、それほど大事でしょうか？

学歴や肩書《かたが》きは、その人を幸せにするものでしょうか？　誰もがお金は大事だと思っているけれど、ほんとうにわたしたちが思い込んでいるほど、大事なものなのか？

そういったことも、いろんな本を読んだり、勉強したりすることによって、新しい答えが出てきます。ほんとうに大切で、本質的なものは何か、ということがわかってきます。それが「真理」です。そして真理を知ると、生きるのが、すこしラクになります。「真理があなたたちを自由にする」というのは、そういうことなのです。

Q2.自分の天職《てんしょく》を知るには、どうしたらいいでしょう？なんの仕事に向いているのかわかりません

若いうちは、「自分の天職は、なんだろう」と、悩むことがあります。ただ、これればかりは実際にやってみないとわかりません。仕事をしていくうちに、こういう仕事が自分に合っているとわかってくる。

誰にでも、個性があります。

体力のない人は、肉体作業はきつく感じるでしょう。人と話すのがとても苦手だという人は、接客業《せっきゃくぎょう》はつらく感じるかもしれません。計算が苦手な人は、会計《かいけい》や経理《けいり》などは面倒に感じるはずです。しかし逆に、体を動かすのが大好きという人もいれば、人と接しているのが楽しいと思う人もいれば、計算に打ち込んでいるのが全然苦にならない、という人

もいます。

ですから、自分に何があっているのか、何が好きなのか、自分に問いかけ対話することで、あなたにぴったりの仕事のほうへ導かれていくでしょう。

それから、給料が良いからというだけでは、なかなか仕事は続きません。どこか、自分の好きなことでないと、仕事は苦痛に感じます。

「好きこそものの上手《じょうず》なれ」ということわざがあります。ほんとうに好きなことであれば、どんなことであれ、それで食べていけるようになるものです。わたしの人生の経験上も、そう思いますし、周りを見ても、好きなことを仕事にしている人は、誰もが充実した人生を送っています。

お金より、人の役に立っているという充実感が、働く喜び

日本経済新聞社《にほんけいざいしんぶんしゃ》とマイナビが共同で行った調査によると、２０２２年卒業予定の文系《ぶんけい》大学生の人気企業ランキングは、1位が東京海上日動火災保険《とうきょうかいじょうにちどうかさいほけん》、2位が第一生命保険《だいいちせいめいほけん》、3位が味《あじ》の素《もと》、4位が伊藤忠商事《いとうちゅうしょうじ》、5位がニトリ、6位ソニーミュージックグループ、7位バンダイ、8位損害保険《そんがいほけん》ジャパン、9位サントリーグループ、10位講談社《こうだんしゃ》となっています。

ベストテンに、保険会社が3社入っています。わたしが大学生のころも、人気ランキングには、銀行や保険会社などの金融《きんゆう》系の会社が、ズラリと並んでいました。

金融業界は、給料が高いので、人気があるのでしょう。

ただ、人気につられて金融系の会社に入ったものの、厳しいノルマと、苛烈《かれつ》な出世競争で疲れてきってしまい、やめていく人はたくさんいます。よく耳にするのが、自分の良心との葛藤《かっとう》に耐《た》えられないケースです。お客さんが損することがわかっていても、自分の営業成績《ぎょうせいせき》を上げるため、商品を売らなければならない。半分、人をだますような商品を売る仕事が、はたして正しい仕事なのだろうか…？　そんな良心の呵責《かしゃく》から、気持ちがだんだんなえていくのです。

企業の最大の目的は、利益《りえき》を上げることです。

となれば、お客さんが損をしたって利益が出るならばかまわない、という企業も出てきます。どんな会社でも多かれ少なかれその傾向はあるのですが、とくにそれが激しい業界が、金融業界なのです。

仕事の意味とは、なんでしょうか？

わたしは、社会の役に立ち、人を助け、人に喜んでもらえることだと思っています。

その視点で考えれば、先に挙げた人気企業ランキングのようにはなりません。高齢化社《こうれいかしゃ》会《かい》が到来したいま、ヘルパーやケアマネージャーなど介護《かいご》関連の仕事はとても大切な仕事です。わたしたちが生きていく上で一番大切な、食べ物をつくってくれているのは、農業や漁業に従事《じゅうじ》する人たちです。住む場所や働く場所をつくってくれる建設業も、昔から必要とされてきた仕事です。人気企業ランキングに入るわけではないですが、わたしたちが社会で生活していく上で、大切な仕事ばかりです。

イエスの弟子の何人かは、漁師でした。また、イエスの父親のヨセフは、大工でした。漁師も、大工も、人間が社会で生活していくのに欠かせない仕事です。しかし、朝早くから舟を出し、汗をかきながら魚の網《あみ》をひいたり、重い柱を運んだり削ったりするのは、たいへんな苦労がありました。

ところが当時の社会では、ユダヤ教の権威者たちは、清潔な衣《ころも》をまとい、神の権威をふりかざして人々からお金をとり、生活していたわけです。

イエスが、当時の社会で差別されていた漁師や徴税人を積極的に弟子にしたのは、苦しい仕事でも、嫌がられる仕事でも、社会のためには誰かがやらねばならない仕事を引き受けてやっていたから、という面もあると思います。

決して華々《はなばな》しい仕事ではないけれど、ほんとうに社会の役に立ち、必要とされている仕事をやっている人たち。そういう態度で働く人たちにこそ、イエスは寄りそったのです。

Q3．将来に対して夢を持てません。夢を持つことは、そんなに大事なことなのでしょうか？

いまの世の中はたいへん窮屈《きゅうくつ》で、たいへんなことがたくさんあります。生きていくだけでたいへんで、なかなか夢など持てないかもしれません。

しかし考えてみれば、いつの時代だってたいへんなのです。20世紀前半は戦争ばかりでしたし、江戸時代は飢饉《ききん》や疫病《えきびょう》でたくさんの人が亡くなりました。その前の戦国時代は、多くの人が戦乱に巻き込まれて死にました。それでもわたしたちの先祖たちは、夢を捨てずにたくましく生きてきたから、いまにつながっているのです。

キリスト教が生まれたのは、およそ2000年前のパレスチナでしたが、もっとも歴史的に過酷《かこく》な時代だったとされています。過酷な時代に生まれたキリスト教では、たとえ「終末《しゅうまつ》の世界」が来ても、3つだけ残るものがあると教えています。

「それゆえ、信仰と、希望と、愛、この三つは、いつまでも残る。」（コリントの信徒への手紙Ｉ **13**・13）

キリスト教でも、希望や夢を持つことは、大事だとされているのです。

たくさんの猫を飼《か》うぞ！ 子どものころの夢が叶《かな》ったわたしの話

夢は、べつに大それたものでなくてもいいと思います。

わたしは小さいころ、大人になったらたくさんの猫と一緒に住みたいというのが夢でした。小さいときから猫が大好きでしたが、団地暮らしだったので、たくさんは飼えなかったのです。そしていまは６匹の猫たちと暮らしています。夢が叶い、とても幸せです。

大きな夢を思い描けなかったら、生活の範囲内で、ちょっとしたぜいたくとか、趣味とか、小さな夢を持てばいいのです。それが、生きることのはり合いにもなります。

大きな夢を持てば、当然ですが挫折《ざせつ》することも多いです。将来、作家になって芥川賞《あくたがわしょう》を取りたいとか、Ｊリーガーになって日本代表に選ばれたいとか、科学者になってノーベル賞を取りたいとか。ただ、挫折したとしても、その努力はムダにはなりません。それによって、関連した仕事につけることもあります。

たとえば、作家を目指したけれど途中で方向転換して、本の編集者《へんしゅうしゃ》になった。すると小説を書いたことがあるだけに、作家に的確なアドバイスをすることができます。実際その流れで、名編集者になった人を知っています。

また、プロスポーツの選手にはなれなかったけれど、その経験を生かして、スポーツトレーナーの仕事につく人もいます。夢そのものは実現しなくても、それに関連した仕事につくことで、活躍している人はたくさんいるのです。

ですから、まずは小さな夢からでもよいので、夢は持ったほうがいいと思います。

†Ⅲ・恋愛や性の悩み

若い人にとって、人生の大きな悩みの一つとなるのが、恋愛の感情でしょう。

恋愛とひと口にいっても、さまざまな形があります。

ただただ好きで、そばにいるだけでもう幸せというようなほのぼのした恋愛もあれば、激しく燃え上がり胸がこがれるような恋愛もある。肉体的な欲望におぼれてしまうような恋愛もあるし、遠く離れていてもつながっている喜びを感じる恋愛もあります。

これは、ただの欲望なのか愛なのかと悩み、葛藤《かっとう》し、ときには絶望《ぜつぼう》する。相手を失えば、まるで人生が終わったような気持ちになることもあります。

愛とは？　恋とは？　セックスとは？

キリスト教ではどう考えているのでしょうか。お話ししていきます。

Q1. 性欲を持つことはいけないことでしょうか？ そういう目で相手を見ることは悪いことですか

性欲は、人間の三大欲求の一つであり、それ自体は当たり前の欲求です。性欲がなければ人類は続いていないのですから、性欲を持つこと自体はいけないことではありません。いけないのは、自分の性欲のために、「相手を道具のように扱《あつか》う」ということです。性欲の解消のため、相手の身体を道具のように利用する態度は、「自分を愛するように、隣人を愛しなさい」という教えに反しています。

しかし人間は、欲望に弱いものです。気をつけないと、あっという間に快楽の世界におぼれてしまいます。

聖書には、欲望に堕落《だらく》した人間たちを、神様が滅ぼしてしまう話が出てきます。旧約聖書の「創世記《そうせいき》」にでてくる、ソドムとゴモラという2つの街のお話です。

この街の人々は、みだらな行為にふけり、暴力も横行《おうこう》していました。怒った神は、天から硫黄《いおう》の火を降らせて、二つの街を焼き尽《つ》くしてしまうのです。

また旧約聖書には、古代《こだい》イスラエルの民《たみ》の指導者で、預言者《よげんしゃ》でもあったモーセという人が、神から与えられたという10の戒律「モーセの十戒《じっかい》」が記されています。預言者というのは、神の言葉を聞いて、それを人々に伝える役割をもつ人のことです。

神から与えられた10の戒律のなかに、「姦淫《かんいん》してはならない」という戒律があります。

姦淫とは、結婚して定《さだ》められた相手ではない者と性行為をすることであり、子孫を残す行為としてのセックスではなく、一時の快楽を満たすためだけのセックスのことです。

ですから旧約聖書においては、セックスや性欲そのものを否定しているわけではありません。結婚して子孫を残すための行為として認めているのです。

新約聖書では、姦淫の定義がもっと厳しくなります。イエスはこう言います。

「あなたがたも聞いているとおり、『姦淫するな』と命《めい》じられている。しかし、わたしは

言っておく。みだらな思いで他人の妻を見る者はだれでも、既《すで》に心の中でその女を犯したのである。」（マタイによる福音書5・27－28）
自分の性欲のために「相手を道具のように扱う」ことは良くないと言いましたが、行為だけでなく、気持ちの上でもそのようなことをしてはいけないと言うのです。

性欲は自然な欲求。ただ、相手をモノのように扱うのはNG

もともとユダヤ教徒でしたが回心《かいしん》してキリスト教の熱心な伝道者《でんどうしゃ》となった、パウロという人がいます。パウロは、古代ギリシアにあったコリントという町のキリスト教徒たちから、質問状をもらいます。そのなかの「結婚について」の質問に、パウロは以下のように返事を書いています。
「そちらから書いてよこしたことについて言えば、男は女に触れない方がよい。しかし、みだらな行《おこな》いを避《さ》けるために、男はめいめい自分の妻を持ち、また、女はめいめい自分の夫を持ちなさい。」（コリントの信徒への手紙Ⅰ 7・1－2）
「未婚者《みこんしゃ》とやもめに言いますが、皆《みな》わたしのように独《ひと》りでいるのがよいでしょう。しかし、自分を抑制《よくせい》できなければ結婚しなさい。情欲《じょうよく》に身《み》を焦《こ》がすよりは、結婚した方がましだ

からです。」（コリントの信徒への手紙Ⅰ 7・8-9）

パウロは、生涯独身《どくしん》でした。パウロが独身を通したのは、この世の終わりが近くあり、キリストが再臨《さいりん》して神を信じる人たちは救われるので、結婚のような小さなことにわずらわされるべきではないと考えていたからです。

だから、あなたたちもできることなら独身のほうがいいとしながらも、もし性欲をコントロールできないのなら結婚するほうがましだと言っています。みだらな行いをするくらいなら結婚せよ、というのです。

いずれにせよパウロは、人間が快楽の世界におぼれやすいものだとわかっていたのでしょう。

しかし現代のような情報社会では、さまざまな刺激があちこちにあふれています。イエスの時代とは、比べものにならない量です。気をつけていなければ、欲望が一気に肥大化《ひだいか》する危険に、われわれはいつもさらされています。

一人の人格《じんかく》のある人間を、まるで道具やモノのように欲望の対象にして、利用してしまう。とくに資本主義社会のように、モノとカネがすべてのような世の中だと、ますますその傾向は強まります。

イエスやパウロのように生きることはできなくとも、ときどき、彼らの戒《いまし》めを思い出してみることが大切です。ソドムとゴモラの住人のように、人間は、あっという間に堕落していくものなのですから。

Q2. 親友と同じ女性を好きになってしまいました…。どうすればいいでしょうか？

「好き」になる感情は、自然発生的なもので、これは人間の力ではどうしようもありません。感情自体は、「神の領域《りょういき》にある」と言ってもいいくらいです。

そこからどう行動するかですが、あなたが引き下がれないくらいに彼女のことが好きなのであれば、正直に、親友に打ち明けるしかないでしょう。それでもし彼女が、親友よりもあなたのほうを選んだのなら、それは仕方ないことです。

そのことで親友から絶交されるのであれば、それは親友でもなんでもなくて、それだけの関係だったということです。若いうちはなかなかできることではないですが、自分にとってとても大切な親友が幸せになれるのだとしたら、そのことを祝福《しゅくふく》できるのが、ほんとうの友情というものではないでしょうか。

ただ、親友に黙って彼女にアプローチするのは、卑怯《ひきょう》な行為です。それは、親友に対する裏切《うらぎ》り行為です。同じ女性に恋愛感情を持つこと自体が、裏切りなのではありません。親友に対して誠実でいないこと、嘘をつくことが、裏切りなのです。

傷つく覚悟で。痛みを感じることで、人はもっと優しくなれる

若いときはとくに、恋愛という体験のなかで、さまざまな感情や葛藤を経験することが多いでしょう。

「こんなことを言ったら、相手はなんて思うだろうか」「わたしのことを、どう思っているのだろうか」「どうしたら、もっと好きになってくれるだろうか」

ときには、相手に傷つけられたり、さみしくてたまらなかったり、悲しい思いをしたりすることもあります。さまざまにゆれ動く感情に圧倒《あっとう》されて、つらい気持ちなることもあるでしょう。

「なぜ、こんなつらい思いをしなければならないのか。こんなに悲しむくらいなら、好きにならなければよかった」。そんな風に思うこともあるでしょう。

しかし、聖書のなかに、こんな言葉があります。

「喜ぶ人と共《とも》に喜び、泣く人と共に泣きなさい。」（ローマの信徒への手紙12・15）

恋愛では、喜び、悲しみ、怒り、せつなさ、さみしさ、とにかくさまざまな感情を経験します。良い感情だけでなく、つらい感情もたくさんあります。

しかし、一度もこころの痛みを感じたことがない人が、誰かの痛みを想像できるでしょうか？　一度も、悲しみを感じたことのない人が、誰かの悲しみに寄りそってあげられるでしょうか？　恋こがれるせつなさを知らない人が、誰かのせつなさを慰《なぐさ》めてあげることができるでしょうか？　できないと思います。

人間は、さまざまな感情を経験することによって、それだけほかの人の喜びや悲しみもわかってあげられるようになるのです。

若いうちは、大いに恋愛で傷ついていいと思います。傷つくことを恐れない。さまざまな葛藤や痛みを経験した人ほど、優しい大人になることができるのです。

Q3. 失恋し、つらくて毎日泣いてばかりです。どうしてこんなに苦しいのでしょうか？

葛藤や痛みを経験するほど人は優しくなれると言われても、失恋したばかりのときは、もうどうしようもなく悲しいものですよね。

そんなときはとことん泣いて、悲しむしかありません。

寝てもさめても昔の恋人のことばかり思い出し、「いったいいつになったら、この苦しみから解放《かいほう》されるのだろうか」と、絶望することもあるかと思います。

そんな悲しみのどん底にいるあなたに、旧約聖書の「コヘレトの言葉」を贈りたいと思います。

何事《なにごと》にも時《とき》があり
天《てん》の下《した》の出来事《できごと》にはすべて定《さだ》められた時がある。
生まれる時、死ぬ時
植える時、植えたものを抜く時

殺す時、癒《いや》す時
破壊する時、建てる時
泣く時、笑う時
嘆《なげ》く時、踊る時
石を放《はな》つ時、石を集める時
抱擁《ほうよう》の時、抱擁を遠ざける時
求める時、失う時
保《たも》つ時、放《はな》つ時
裂《さ》く時、縫《ぬ》う時
黙《もく》する時、語る時
愛する時、憎む時
戦いの時、平和の時。
人が労苦《ろうく》してみたところで何になろう。
わたしは、神が人《ひと》の子《こ》らにお与えになった務《つと》めを見極《みきわ》めた。
（中略）

すべての出来事、すべての行為には、定められた時がある。（コヘレトの言葉3・1－17）

「時間ぐすり」という言葉を聞いたことがあると思います。時間がこころの傷を回復してくれるという意味で使われます。

キリスト教の考え方では、人生のなかの「泣く時」「嘆く時」「失う時」というのは、神様の采配《さいはい》によって、すべて最初から定められている、というのです。

ですからキリスト教の考え方によるならば、あなたも必ず、「笑う時」「踊る時」「愛する時」がやってきます。

どん底にいるわたしを慰《なぐさ》めてくれた「コヘレトの言葉」

2002年、わたしが42歳のときのことです。鈴木宗男《すずきむねお》事件《じけん》に連座《れんざ》する形で、わたしは検察《けんさつ》に逮捕され、512日間、東京拘置所《とうきょうこうちしょ》に勾留《こうりゅう》されることになります。

その逮捕の直前、大学時代の恩師《おんし》、緒方純雄《おがたすみお》先生が、わたしの身の上を心配して丁寧《ていねい》に手書きして送ってくれた手紙のなかに、この「コヘレトの言葉」が書かれていました。

「泣く時、笑う時。黙する時、語る時。すべてには、定められた時がある」

この言葉が、どれだけわたしを、勇気づけてくれたかわかりません。

時を理解し、時と向き合う。

どんな時もやがては過ぎていきます。そして、必ずまた新しい時がやってきます。

そして気がつけば、前の自分よりも、ずいぶん成長した自分に気がつくことでしょう。

人は失うことによって、より多くのものを得るのです。

Q4. 〝愛〟と言われてもいま一つよくわかりません。〝恋〟と何が違うのでしょうか?

「恋」と、「愛」は、何が違うのでしょう。

恋のほうはわかりやすいかもしれませんね。相手を見たらドキドキする。思わず相手を目で追ってしまう。話をすると手に汗をかいたり、赤面《せきめん》してしまう。ひどくなると何をしているときも、相手のことを考えずにはいられなくなる。

とても強くひかれているわけですから、当然のこととして、なんとかして相手に近づき、自分に関心を持ってもらいたいと思うようになります。

もしうまくつき合えたら、自分だけを見てほしいという気持ちが高まり、相手を独占《どくせん》したくなる。自分の期待にこたえてくれなければ、激しく落ち込んだり、ときには相手を憎んだり攻撃したり…。もしふられそうになれば、相手をしつこく追いかけて困らせる。好きな気持ちから始まった恋も、次第に、わがままとわがままのぶつかり合いになることはよくあります。

このように自己中心的なものは「恋」であっても、「愛」ではありません。

では、「愛」とはなんでしょう?

キリスト教でいうところの「愛」は、ギリシア語で「アガペー（αγάπη）」と言います。アガペーとは、神が人をいつくしむような、無償《むしょう》の愛のことです。

無償の愛とは、見返りを求めず、ただただ、その人の幸福を願うという気持ちです。

この愛は、親が子どもに与える愛に似ています。親が生まれてきた子をいつくしむのは、なにか見返りを求める気持ちがあるからではありません。ただひたすらいとしくて、この子を大切にしたいという気持ちからです。子どものためなら、自己犠牲《じこぎせい》も惜《お》しみません。

ところで、16世紀にヨーロッパから日本にキリスト教を伝えに来た宣教師《せんきょうし》は、聖書に出てくる「愛（アガペー）」にふさわしい日本語の訳し方に、たいへん苦労したようです。

当時の日本では、「愛」の字は、仏教における「愛欲《あいよく》」「愛着《あいじゃく》」の意味で使われることが多く、欲望や執着《しゅうちゃく》といった煩悩《ぼんのう》をイメージさせる言葉でした。愛欲や愛着というのは自己中心的なものであり、「見返りを求めない愛」とは、まるで真逆です。

そこで宣教師は、日本語でもっとも近い言葉として「御大切《ごたいせつ》」という言葉を当てました。相手をただただ大切に思う気持ち。大事にしたいという気持ち。この訳し方のほうが、キリスト教における「愛」のことを、日本人として理解しやすいかもしれません。

ちなみに、ギリシア語には「愛」を表現する言葉がほかにもあり、アガペーのほかに、「エロース（ἔρως）」だったり、「フィリア（φιλία）」だったりがあります。

「エロース」は、日本語では、性愛《せいあい》と訳されます。自分にないもの、不足しているものに憧《あこが》れ、求める気持ちのことを言います。男性と女性が惹《ひ》かれ合うのは、まさにこのエロースです。

持っていないものを強く求めるという意味においては、お金持ちになりたいとか、いい大学に入って尊敬されたいと考えるのも、広い意味では、「エロース」の力が働いています。

もう一つの「フィリア」は、友愛《ゆうあい》と訳されます。これは、友達を信頼し、大切に思う気持ちです。ほかにも、同じサークルの仲間や地域の仲間などの間で生まれる信頼関係も、フィリアと言えるでしょう。

愛には、このようにいろいろな形があると、古代のギリシア哲学では考えられていました。

見返りを求めず、ただただ、その人の幸福を願うという気持ち

さて、キリスト教における「愛」の話に戻りましょう。

新約聖書は、神の愛（アガペー）にならって、人間もまた、「無償の愛」を隣人に実践《じっせん》するように求めています。前にお話しした「隣人を自分のように愛しなさい」ですね。

イエスは、さらにその愛の実践を、このように言っています。

「敵を愛し、自分を迫害する者のために祈りなさい。」（マタイによる福音書5・44）

隣人どころか、自分の敵まで愛せ、と言うのです。

自分を陥《おとしい》れてくるような敵を、あなたははたして愛することができますか？　なかなかできませんよね。

ところが、それを実践して見せたのが、イエス・キリストです。

イエスは十字架にはりつけにされ、自分が痛みに苦しんでいるというときに、自分を迫

害した人々を、呪《のろ》うどころか、その罪を赦《ゆる》してくれるように神に祈るのです。
「父よ、彼らをお赦《ゆる》しください。自分が何をしているのか知らないのです。」（ルカによる福音書**23**・34）

自分を迫害し、殺そうとしている人たちのために祈るのですから、これこそまさに、究極の愛です。

このようにキリスト教では、愛の実践こそがすべてなのです。

「たとえ、人々の異言《いげん》、天使たちの異言を語ろうとも、愛がなければ、わたしは騒《さわ》がしいどら、やかましいシンバル。たとえ、預言《よげん》する賜物《たまもの》を持ち、あらゆる神秘《しんぴ》とあらゆる知識に通じていようとも、たとえ、山を動かすほどの完全な信仰を持っていようとも、愛がなければ、無《む》に等《ひと》しい。全財産を貧《まず》しい人々のために使い尽くそうとも、誇《ほこ》ろうとしてわが身を死に引き渡そうとも、愛がなければ、わたしに何の益《えき》もない。」（コリントの信徒への手紙Ⅰ 13・1-3）

新約聖書のなかの、パウロの言葉です。どんな知識も、どんな信仰も、どんな財産も、そこに愛がともなっていなければ、まったく無《む》に等《ひと》しいのです。

パウロは続けます。

「愛は忍耐強い。愛は情け深《なさぶか》い。ねたまない。（中略）自分の利益を求めず、いらだたず、恨《うら》みを抱かない。不義《ふぎ》を喜ばず、真実を喜ぶ。すべてを忍び、すべてを信じ、すべてを望み、すべてに耐《た》える。」（コリントの信徒への手紙Ⅰ 13・4－7）

日常のなかで愛を実践するとき、ぜひ、この言葉を思い出してみてください。

第2章

はじめてでもわかる「キリスト教超入門」

キリスト教は、イエス・キリストの教えを、弟子や伝道者が述べ伝えることで、世界に広がっていきました。

イスラム教、仏教とともに「世界三大宗教」と呼ばれ、その信者数《しんじゃすう》は、世界の総人口の約33％を占《し》める世界最大の宗教です。以下、イスラム教の宗教人口が約24％、ヒンドゥー教が約14％、仏教は約7％となっています（『ブリタニカ国際年鑑』2017）。

日本国内で見ると、神道《じんどう》系の信者が約8896万人、仏教系が約8483万人、キリスト教系が約191万人と、神道系と仏教系が大多数になっています（文化庁《ぶんかちょう》『宗教年鑑』2020）。ちなみに、神道系と仏教系の信者を合計すると1億7300万人ほどとなり、日本の総人口を超えています。一人で複数の宗教を信じる人が、日本人には少なからずいるということです。

読者の多くが非キリスト教系だと思いますが、国際化が進むいまの世の中で、世界の3分の1を占め、先進国《せんしんこく》のほとんどの国で信じられているキリスト教のことを知っておくことは、たいへん重要になると思います。

この章では、キリスト教に関するキーワードをいくつかあげ、それぞれ解説していきましょう。

✝ キーワード1．イエス・キリスト

「キリスト」には、「油を注《そそ》がれた者」という意味がある

イエス・キリストはおよそ2000年前に、いまのパレスチナ、当時はユダヤといわれた地域の、ベツレヘムという町で生まれました。30歳くらいのときに洗礼《せんれい》を受け、教えを広め始めます。その活動がそれまで主流だったユダヤ教徒たちにうとまれて、エルサレムにある「ゴルゴタの丘」という場所で、十字架にかけられ、死刑にされてしまいます。

まず「イエス・キリスト」という呼称《こしょう》ですが、イエスは名前ですが、キリストが苗字《みょうじ》ということではありません。「イエス」は、当時のパレスチナでは、ごくふつうの名前です。日本で言えば、太郎とか一郎といった感じでしょうか。

「キリスト」というのは、「救世主《きゅうせいしゅ》」という意味です。

キリストという言葉は、元来、「油を注がれた者」という意味がありました。古代ユダヤにおいてイスラエルの王は、預言者《よげんしゃ》たちによって油が注がれる儀式《ぎしき》を行って、王位《おうい》につ

いていました。油を注がれた者は選ばれた王として、ヘブライ語で「マシーアハ」と呼ばれます。

さらにそれが「神によって、油を注がれた者」となると、「メシーアハ」（メシア／救世主、救済者《きゅうさいしゃ》）になります。この「メシーアハ」を、ギリシア語に訳したものが「クリストス（Χριστος）」です。これを日本語では、キリストと呼ぶようになりました。

ですから、イエス・キリストとは「救世主であるイエス」ということで、これを唱《とな》えることは、イエスを救世主として認めることであり、わたしはイエスを信じ従います、と信仰告白していることになります。

イエス・キリストは、「神」と「人間」の通訳《つうやく》のような存在

当時のユダヤ教では、旧約聖書の「創世記」に記されているような太古《たいこ》の時代から、年月を経《へ》て時代が下れば下るほど、世の中が堕落し混乱すると考えられていました。そしていつの日か、救世主が神の国から地上に降り立ち、混乱した世界を救ってくれると考えられていました。

ベツレヘムで生まれたイエスこそ、その救世主だとするのが、キリスト教です。

そして、イエスが十字架にかけられ犠牲《ぎせい》になることで、人類の罪があがなわれたのだと考えます。「あがなわれた」というのは、罪がつぐなわれた、という意味です。

イエスは、「神」と「人間」とをつなぐ存在です。なぜその存在が必要なのでしょうか？　人間の限られた力では、神をそのまま理解することは不可能です。言葉が違う国の人が会話するときには、通訳が必要になります。それと似ていて、神の世界とわたしたち人間の世界をつなぎ合わせる存在、仲介役《ちゅうかいやく》がどうしても必要になります。そこで、「人間の肉体を持ちながら、神でもある」という、特別な存在が遣《つか》わされたのです。

「神であり人間である」イエスの登場により、人間は、「神」と「神の国」の存在を確信《かくしん》します。そして神の意志にそうように生きることの大切さに、あらためて気がつくのです。

イエスは人間でもありますから、わたしたちと同じように食事もすれば、大小便もする。喜怒哀楽《きどあいらく》もあれば、痛みも感じるのです。「人間でもある」イエスが語るからこそ、神の教えが、われわれの思考や感覚や感情によって、初めて理解できるようになりました。まさに「通訳」ですね。

その最大のメッセージは、「罪を持たないはずの神の子イエスが、残酷《ざんこく》な十字架の刑で、人間の世界で苦しみながら死んだ」ということでした。人間の持つ罪を、イエスが一手《いって》に引き受け、あがなってくれたのです。

さらに重要なことは、この地上の世界では理解することが難しい「神の愛」というものを、イエスを通して、人間が実感することができたということでしょう。「神の愛」に直面したわたしたち人間は、いやでも態度を決めざるを得ません。「神の愛」を前に、人間は選択を迫《せま》られます。「イエスの示した神の愛を信じ、受け入れ、それに従うか？　それとも拒絶《きょぜつ》するのか？」。ちょうど「あなたを愛しています」と愛の告白を受けた人が、それになんらかの返事を迫られるのと似ています。

いずれにしても、イエスが登場しなければ突きつけられなかった「人間の生き方の問題」が、その登場によってわたしたちに突きつけられたわけです。そのこと自体が、「救《すく》い」であり、イエスがこの世界に現れて犠牲となったことの意義だった、と言えるのです。

† キーワード2. キリスト教の「神」

イエスも、聖霊も、「神」が別の形をとったもの

キリスト教における神とは、すべてを無からつくり出す存在であり、全知全能《ぜんちぜんのう》、絶対的な存在です。その神の姿も本質も、人間の想像力と認識力《にんしきりょく》をはるかに超えています。だからわたしたち人間は、神をありのままの形として見ることも、とらえることもできません。

そこで遣《つか》わされたのが、イエス・キリストだったわけです。神の存在と神の愛を忘れ、罪を犯し続ける人間たちを救うべく、この地上に降りてきたのです。

キリスト教では、「父なる神」と、「神の子イエス」と、そして「聖霊《せいれい》」と、この3つが一体となって、「神」とされています。これを「三位一体《さんみいったい》」、または「三一《さんいつ》」と呼びます。

ちなみに「聖霊」とは、キリストと同じく「神が別の形をとったもの」であり、神が人間におよぼす「目に見えない力」のことを言います。

「この方は、真理の霊である。世《よ》は、この霊を見ようとも知ろうともしないので、受け入れることができない。しかし、あなたがたはこの霊を知っている。この霊があなたがたと共《とも》におり、これからも、あなたがたの内《うち》にいるからである。」（ヨハネによる福音書14：17）

たとえば人間が、神からのメッセージである「預言」を受けたり、あるとき突然、神の

啓示《けいじ》を受けてキリスト教に回心《かいしん》したりするのも、聖霊の作用だと考えられています。

ちなみによく間違われるのが、「聖霊」と「天使」です。天使は「神がつくったもの」ですから、三位一体の神である「聖霊」とは違うものです。ましてや日本語でいうところの「精霊《せいれい》」とも違います。精霊は、死者の魂《たましい》や、自然物に宿《やど》る妖精《ようせい》のような存在です。

キリストも、聖霊も、神の真理を人間に伝えるべく、「神が形を変えたもの」なのです。

キリスト教は、一般的には「神は、唯一の存在である」とする「一神教《いっしんきょう》」に分類されていますが、ユダヤ教やイスラム教のような、完全な一神教（唯一神教《ゆいいつしんきょう》）とは少し違っています。それは、「神が、人間の形をとって地上に降りてきたイエス・キリスト」という媒介者《ばいかいしゃ》の存在が、キリスト教においては非常に重要な意味を持つからです。

キリスト教における神とは、「愛そのもの」である

ここでユダヤ教について、すこし触れておきましょう。

というのは、キリスト教の母体《ぼたい》は、ユダヤ教と言えるからです。

イエスが生を受けたころのパレスチナ地域では、ユダヤ教が広まっていました。ユダヤ教は、「世界を創造《そうぞう》したヤハウェ」を、唯一の神としてあがめる宗教です。

その教典としては、ユダヤ教の聖書（タナハ、タルムード）があります。くわしくは第4章で説明しますが、これらの内容は、旧約聖書にまとめられている内容と、ほぼ同じものだと考えてください。

教典の中心になるのが、「トーラー」と呼ばれる律法（戒律）であり、神とイスラエルの民《たみ》の間で交わされた約束である「モーセの十戒《じっかい》」が基本となっています。

その十戒を中心にしたさまざまな律法を守ることが、神の意志にそうことで、そうすれば「神の国に行くことができる」というのが、ユダヤ教の教えです。

一方、キリスト教の神も、ユダヤの神である「ヤハウェ」と、基本的には同じと考えられています。

イエス自身も、「自分はユダヤ教徒だ」と考えていました。ただし、あまりに律法主義《りっぽうしゅぎ》（極端《きょくたん》に戒律を重視すること）に走り、形式的になりがちだった当時のユダヤ教を批判し、「それは本来の神の意志とは違っている」と唱えました。

あくまでもユダヤ教を改革しようとしていたのであり、イエスは新しい宗教をつくろうとしたわけではありません。

「わたしが来たのは律法や預言者を廃止《はいし》するためだ、と思ってはならない。廃止するため

ではなく、完成するためである。」（マタイによる福音書5・17）

イエスの教えがまとめられ、「キリスト教」という新しい宗教となったのは、ユダヤ教徒から回心し、その伝道者になった「パウロ」の力が大きいです。

ユダヤ教とキリスト教の神は同じとされますが、旧約聖書に描かれるヤハウェの神は非常に厳格《げんかく》で、掟《おきて》をかたくなに守る人間を喜びます。逆に、掟を破る人間には非常に厳しい。

イエスは、同じ神であっても、その「厳格な側面」ではなく、「親が子に注ぐような無尽蔵《むじんぞう》の愛、絶対的な愛（アガペー）の側面」を強調しました。

「神は、その独り子《ひとりご》をお与えになったほどに、世《よ》を愛された。独り子を信じる者が一人も滅びないで、永遠の命を得るためである。神が御子《みこ》を世に遣わされたのは、世を裁《さば》くためではなく、御子によって世が救われるためである。」（ヨハネによる福音書3・16-17）

キリスト教において、神とは、「愛そのもの」なのです。だから裁くことではなく、罪深い子どもたちである人間を、なんとか一人でも救いたいと考えるのです。

その愛を受け入れ、信仰することで人間は救われる。

キリスト教が「救済宗教」と呼ばれているのは、そのためです。

キーワード3．聖書

旧約聖書は、人類誕生からイスラエルの民の歴史までが描かれる

キリスト教の聖書には、『旧約聖書』と『新約聖書』とがあります。

ちなみに聖書は、これまで発行された書籍のなかでもっとも発行部数が多い書物とされ、もっとも多くの国に翻訳《ほんやく》された書物とも言われています。

「新訳、旧訳」というような「訳し方の違いかな」と間違えやすいですが、「訳」の字ではなくて、「約」の字であることに注目してください。

「約」とは約束のことで、誰と約束しているかというと、「神様と約束している」のです。

ですから「旧約」とは「神との旧《ふる》い約束」という意味で、「新約」とは「神との新しい約束」という意味になります。

そして「新しい約束」とは「イエス・キリストがこの地上に現れて約束したもの」、「旧い約束」とはイエスが現れる以前の「ユダヤ教の神とイスラエルの民との約束」、という

ことです。

旧い約束のほうの『旧約聖書』は、もともとあったユダヤ教の文書をまとめ直したものです。全39巻、929章からなる、ヘブライ語による文書です。一般的には「モーセ五書《ごしょ》」「歴史書」「詩書《ししょ》」「三大預言書」「預言書」の5つに分類されます。

「モーセ五書」は、神による天地創造《てんちそうぞう》から、アダムとエバの誕生、ノアの箱舟《はこぶね》など、世界と人類の太古の物語を描いたものです。イスラエルの民をエジプトから脱出させた、モーセが記したものとされています。

「歴史書」は、イスラエルの民がどのように発生し、神に選ばれ庇護《ひご》されてきたか、その歴史を描いています。

「詩書」は、詩人たちが神への祈りや賛美《さんび》を詩の形式で書き表したものや、箴言《しんげん》（教訓の意をもつ短い句）などの知恵文学《ちえぶんがく》が集められています。

そして「三大預言書（イザヤ書、エレミヤ書、エゼキエル書）」と「預言書（ダニエル書、ホセア書、ヨエル書など13書）」は、神の言葉を授《さず》かった預言者たちの生涯と、神の意志とがまとめられています。預言者というのは、前にも述べましたが、神の言葉を聞いてそれを人々に伝える役割をもつ人のことです。

ちなみに「イスラエル」という言葉は、「神と闘《たたか》う人」という意味があります。箱舟で生き残ったノアの子孫・ヤコブが、ヤボク川という川のほとりで、神と朝まで格闘《かくとう》して一歩も譲《ゆず》らなかったため、感心した神から与えられた称号《しょうごう》です。その後、ヤコブの12人の子どもたちと、それぞれの子孫たちを総称《そうしょう》して、「イスラエル12部族《ぶぞく》」と言います。

「モーセ五書」は、「律法書《りっぽうしょ》」とも呼ばれます。イスラエルの民は、歴史のなかでさまざまな苦難や困難に見舞われますが、そのたびに神の力によって救われます。そのイスラエルの民に向かって、神が示した掟が、「モーセの十戒」をはじめとした、さまざまな「律法」なのです。

旧約聖書にはイスラエルの民の歴史だけでなく、預言者の言葉による「未来の啓示」のようなものも記されています。預言者の言葉を読むと、「人々が律法を破るようになり、神との関係がおかしくなって、世は乱《みだ》れる」というようなことが多く書かれています。

そして、「救世主が登場し、再び神との関係を改善し、新たな約束を取り交わす」ということも記されているのです。

新約聖書は、救世主イエスの布教《ふきょう》活動の様子やその言葉が描かれる

その預言された「救世主」こそ、イエスであるとしたのが、キリスト教です。そして、イエスのなしたことを後世《こうせい》に伝えようと、弟子たちがまとめたものが『新約聖書』です。

ただし、ユダヤ教は、イエスを救世主として認めていません。ですから彼らからしたら、イエスのことを描いた『新約聖書』は、偽物《にせもの》だということになります。

キリスト教徒は『旧約聖書』と言っていますが、ユダヤ教徒は、自分たちが信じる神とイスラエルの民との約束が、「旧《ふる》い約束」などとは考えません。「こちらの約束こそが、正《せい》当《とう》な神との約束だ」と主張します。「新約」「旧約」は、あくまでもキリスト教徒から見た分類なのです。

『新約聖書』は、キリスト教徒にとって、重要な意味がある聖典です。それは、イスラエルの民だけに限定せず、「すべての人間と神が取り交わした、新たな約束」と考えるからです。

『新約聖書』はギリシア語で書かれ、全27巻、260章からなります。イエスの生涯と教え、弟子たちの布教活動や信徒《しんと》への書簡《しょかん》、未来の啓示などがその内容となっています。

その構成は、マタイ、マルコ、ルカ、ヨハネによる4つの「福音書《ふくいんしょ》（福音《ふくいん》とは、よき知らせという意味）」と、弟子であるペトロや伝道者パウロの活動を中心にまとめた「使徒《しと》言行録《げんこうろく》」、伝道者パウロによる信徒への「手紙」、そのほか、ヤコブ、ペトロ、ヨハネ、ユダの「手紙」（まとめて「公同書簡《こうどうしょかん》」と呼ばれます）、「ヘブライ人への手紙」、「ヨハネの黙示録《もくしろく》」から成っています。

個々の内容が書かれたのは、西暦50年代から2世紀初頭《しょとう》と考えられているので、時間も作者もバラバラだということです。現在の形になったのは西暦397年と言われていますから、イエスが生きていた時代から、400年近く経ってからできたことになります。

『旧約聖書』『新約聖書』を読むことで、この世界と人類の創生《そうせい》から、救世主（メシア）としてイエス・キリストが降臨《こうりん》し、地上の世界で犠牲《ぎせい》になる、という経緯《けいい》がわかります。

ユダヤ教には長い間、「聖書」は存在しませんでした。

キリスト教徒によって『新約聖書』の正典化《せいてんか》作業が始まったことによって、ユダヤ教もそれまでバラバラだったモーセ五書や歴史書、預言書をまとめて、「自分たちの聖書を正典化しよう」という動きが起きます。キリスト教徒はこれを『旧約聖書』と呼びますが、ユダヤ教徒は、単に「聖書」と呼びます。

これからキリスト教を知りたい、学びたいという人は、まず『新約聖書』から読み始めるのがよいと思います。キリスト教の真髄《しんずい》であるイエス・キリストの教えは、すべて『新約聖書』に書かれているからです。

聖書を読むと、こころの奥の〝眠れる意識〟が目を覚ます

聖書には、人間の無意識《むいしき》を刺激する「何か」があると、わたしは考えています。もっと身近な言い方をすると、聖書を読んだ後は、以前とは違う夢を見るようになります。

スイスの心理学者カール・グスタフ・ユング（1875〜1961）は、人間の心全体を、「意識」と「無意識」の2つで成り立っていると想定しました。さらに無意識にもいくつか層《そう》があって、「個人的無意識《こじんてきむいしき》」の層のもっと〝奥底《おくそこ》〟の層には、「集合的無意識《しゅうごうてきむいしき》」があると述べています。「個人的無意識」は、ふだんは意識していない抑圧《よくあつ》された欲望などの個人的なものですが、「集合的意識」は、民族や国、文化の境界線を越えて、人類が共通して持っている〝眠れる意識〟というようなものです。聖書を読むことは、そういう意識の部分を、刺激するのではないでしょうか。

いずれにせよ、聖書をじっくり読むと、感覚が研《と》ぎ澄《す》まされてきます。キリスト教を信

じるか信じないかは別にして、そういう意味でも、読む価値は大いにあると思います。

キーワード4．教会

イエスの弟子たちによる「共同体《きょうどうたい》」が、教会の始まり

現在、日本にも各地に「教会」があります。日本は、一人が複数の宗教を信仰することに抵抗のない社会なので、とくにクリスチャンではなくても、結婚式を教会で挙《あ》げるカップルもいます。

教会は、基本的には誰でも礼拝《れいはい》ができますし、カトリック教会であれば「神父《しんぷ》」、プロテスタント教会であれば「牧師《ぼくし》」の話を聞けると思います。お金もかからなければ、入信《にゅうしん》の勧誘《かんゆう》も、基本的にありません。（カトリックとプロテスタントの違いについては、のちほど説明します）

教会の始まりは、イエス・キリスト亡き後、その復活《ふっかつ》を信じ、教えを守り広めるために、

弟子たちや信者が集まって共同体をつくったことでした。
「信者たちは皆《みな》一つになって、すべての物を共有《きょうゆう》にし、財産や持ち物を売り、おのおのの必要に応じて、皆がそれを分け合った。そして、毎日ひたすら心を一つにして神殿《しんでん》に参《まい》り、家ごとに集まってパンを裂《さ》き、喜びと真心《まごころ》をもって一緒に食事をし、神を賛美《さんび》していたので、民衆《みんしゅう》全体から好意を寄せられた。」（使徒言行録2・44-47）
「信じた人々の群《む》れは心も思いも一つにし、一人として持ち物を自分のものだと言う者はなく、すべてを共有していた。使徒《しと》たちは、大いなる力を持って主《しゅ》イエスの復活を証《あか》しし、皆、人々から非常に好意を持たれていた。」（使徒言行録4・32-33）
イエスの復活を信じて集まった人々は、お互いに持ち物を共有し合いました。まさにイエス・キリストが言うような「隣人愛」を実践しながら、共同生活を送っていたのです。
現実の社会では、人間同士の争いやいざこざがあり、貧富《ひんぷ》の差があり、抑圧や差別が横行していました。しかし、この共同体のなかは違いました。そこではみんながイエス・キリストを信じ、互いに愛し合い、貧富の差別もなく、助け合って生きている。
この地上に出現した「神の国」のようなところ。それが教会です。キリスト教の教えの根本である「愛」を感じ、実践できる場所なのです。

教会は、人間の力でなく、神の意志によってつくられた

大事なことは、教会は、人間の意志によって発生したものではないということです。神の意志（聖霊の意志）によって地上に生まれた共同体だと、キリスト教徒は考えます。

わたしたち人類は、歴史のなかで、人間の力によって地上の楽園《らくえん》をつくろうと試みたことがありました。近代では、共産主義《きょうさんしゅぎ》や社会主義《しゃかいしゅぎ》という思想《しそう》が生まれ、貧富の格差《かくさ》や差別のない社会を、人間の力でつくろうと試みられました。

ところが理想の社会ができるどころか、旧《きゅう》ソビエト連邦《れんぽう》や北朝鮮《きたちょうせん》のような、国民の自由が極端に制限された独裁国家《どくさいこっか》が、いくつも誕生することになりました。

「人間の力のよって理想の社会は達成できる」「人間の理性《りせい》はいつも正しい」というのは、過信《かしん》だと思います。

人間の欲望や、競争心、他人を支配したい気持ち。こういったどうしても人間に内在《ないざい》する本質を、キリスト教では「罪」と言いますが、こうした人間の本質を自分たちの力で乗り越えて、世界をつくり変えることができるという傲慢《ごうまん》さが、地上の楽園どころか、もっとひどい社会をつくり出したのです。

それに対し、教会は、神の意志によって呼び集められた共同体です。人間の力ではなく、神の力によって愛を実践する共同体、それが教会なのです。

そこに人間の思い上がりや傲慢《ごうまん》が入り込む隙間《すきま》はありません。人間は罪深いものであり、弱いものだという謙虚《けんきょ》さ、慎《つつし》み深《ぶか》さがあり、だからこそ神に救いを求める、そういう気持ちから始まっているからです。

教会は、人間がこの地上において神の愛に触れ、地上における「神の国」を目指そうとする共同体であり、信仰のための大切な場所なのです。

キーワード5．カトリックとプロテスタント

お金で腐敗《ふはい》する教会に抗議《こうぎ》をした人たちが、プロテスタント

地上における「神の国」を目指すのが、教会であると述べました。

ところが、そんな教会も時代が下って中世《ちゅうせい》になると、次第に大きな組織になっていきま

す。そしてローマ教皇《きょうこう》を頂点として、大司教《だいしきょう》、司教《しきょう》、司祭《しさい》、一般信徒《しんと》、というように、ヒエラルキー（階層構造《かいそうこうぞう》）ができ、教会は社会的に大きな力を持つようになります。神の意志ではなく、次第にローマ教皇をはじめとした、司祭たちの意志が優位《ゆうい》になるようになっていくのです。

中世ヨーロッパの教会は、十字軍《じゅうじぐん》の派遣《はけん》や大聖堂《だいせいどう》の改築《かいちく》などの資金《しきん》を捻出《ねんしゅつ》するため、「贖宥状《しょくゆうじょう》」（いわゆる免罪符《めんざいふ》）を発行するようになりました。お金を払って贖宥状を買えば、現世《げんせ》の罪が軽減《けいげん》され、天国に行くことができるようになるというものです。キリスト教について深く知らない民衆は、教会に言われるまま、誰もが天国に行きたいと、こぞってお金を払い贖宥状を買いました。

もちろん、お金で罪があがなわれるわけがありません。これではお金持ちであれば、誰もが天国に行けることになります。そもそも人間の罪は、イエス・キリストの犠牲と神の許しによってしか、あがなわれないものだからです。

この教会の腐敗した行動に立ち上がり、教会を批判して対立し、その後、独立したのが「プロテスタント」と呼ばれる一派です。プロテスタントには、「抗議する者」という意味があります。

プロテスタント（抗議する者）という立場に対し、昔からの伝統的な教会の立場を、「カトリック」と言います。カトリックという言葉には、「普遍《ふへん》の」という意味があります。

大切なのは「信仰のみ」「聖書のみ」と言ったマルティン・ルター

16世紀に入ると、各地で抗議運動が起こります。最初に立ち上がったのが、ドイツのマルティン・ルター（1483～1546）という人です。1517年、彼は贖宥状を発行していた当時の教会のやり方に疑問を持ち、教会と意見交換会を開くべく、「95か条の論題《ろんだい》」という文書を、ドイツのウィッテンベルクで発表しました。

当初ラテン語で書かれた「95か条の論題」は、ドイツ語に翻訳《ほんやく》されると、グーテンベルクによって生み出された活版印刷《かっぱんいんさつ》によって、またたく間に世間に広がっていきます。印刷物によって多くの人々に情報が伝わり、影響を与えた、初めての事例《じれい》でもありました。

その後、教会から自説《じせつ》の撤回《てっかい》を求められたルターは、あらたに批判文書を次々に発表します。賛同者《さんどうしゃ》の教会批判の声は、さらに高まりました。

この一連の動きが「宗教改革」の始まりとされています。

ルターが主張したのは、「信仰のみ」「聖書のみ」「万人祭司《ばんにんさいし》」の3つです。

「信仰のみ」とは、人は、贖宥状や教会への寄付《きふ》などによって救われるのではなく、神を信じることによってのみ救われるのだということ。

「聖書のみ」とは、教会や教皇の言うことではなく、聖書に書かれていることのみが、真実だということ。

そして「万人祭司」とは、すべての信徒は神の前ではみな平等であり、偉い人だとかそうでない人だとか、そんな区別はないという考え方です。それまでのカトリック教会の、ローマ教皇を頂点とした大司教や司教、司祭、そしてその下に一般信徒という階層構造、そういうものは必要がないということです。

人間のつくり出したルールを取り払って、イエス・キリストの教えの原点に返ろうというのが、宗教改革だったということです。

「救われるかどうかは神が決める」と言った、ジャン・カルヴァン

宗教改革の動きは、ヨーロッパ各国におよびました。

スイスでは、ジャン・カルヴァン（1509〜1564）という人が立ち上がります。

彼は、それまでの司祭制度を廃止して、長老制《ちょうろうせい》をとりいれました。長老制というのは、

教会のなかでとくに信仰が熱心な人を、教会員による選挙で代表に選んで、信徒を教え導くお手伝いをしてもらおうという制度です。

またカルヴァンは、「救われるかどうかはその人の行動や考え方に関係なく、神が決めるものだ」とする「予定説《よていせつ》」を説きました。これは当時の考え方としては、革新的《かくしんてき》なものでした。当時の教会には、「人間は、自分の努力によっても救われる」という考え方があったからです。この考え方によって贖宥状などが生まれたのです。

ところで、「救われるかどうかはその人の行動や考え方に関係なく、神が決めるものだ」とすると、わたしたちには、努力する意味は何もないのでしょうか?

そうではありません。カルヴァンは、神に与えられた自分の個性を生かし、自分の仕事を「天職」と考えて一生懸命励《はげ》むなかで、「自分は神に選ばれている」という確信が持てるようになる、と言います。ですから現代でも、「カルヴァン派（改革長老派《かいかくちょうろうは》）」と言われる教派《きょうは》の人たちは、誰よりも一生懸命働きます。

ルターやカルヴァンの宗教改革の動きによって、それまでの教会の態度も変化していきます。カトリック教会は自《みず》ら内部を改めて、贖宥状を廃止しました。

カトリック教会とプロテスタント教会、どうやって見分ける？

カトリックとプロテスタント、それを見分けるポイントはいくつかあります。

まず一番は、ローマ教皇です。カトリックは、先ほどもお話ししたように、ローマ教皇を教会のトップとして、たいへん尊重します。しかしプロテスタントにとっては、ローマ教皇は特別な存在ではありません。あくまでも信徒の一人にすぎません。

もう一つは、イエスの母親「マリア」に対する向き合い方です。カトリックではイエスを産んだ存在として、「聖母《せいぼ》マリア」と讃《たた》え、特別視《とくべつし》します。しかしプロテスタントは、イエスを産んだとはいえ、ただの人間に過ぎないということで、特別にあがめることはしません。ですから近所の教会に行ってみて、マリア像があったらカトリックの教会、なかったらプロテスタントの教会と判断することもできます。

また休日の教会での集まりを、カトリックは「ミサ」と呼び、プロテスタントでは「礼拝《れいはい》」と呼びます。

聖職者《せいしょくしゃ》の呼び方も違います。カトリックの教会にいる聖職者は、「司祭《しさい》」「神父《しんぷ》」と呼ばれるのに対し、プロテスタントの教会にいる聖職者は、「牧師《ぼくし》」と呼ばれます。

ちなみに「司祭」という言い方は役職《やくしょく》の名前で、「神父」と呼ぶのは、一種の尊称《そんしょう》（尊敬をこめた呼び名）です。これに対し「牧師」は、「迷える羊を導く牧者《ぼくしゃ》」の意味があり、信徒に対して上から教えるのではなく、寄りそいながら導くという立場です。

✝ キーワード6. ほかの宗教との違い

「人間でありながら神でもある存在」は、ほかの宗教に見当たらない

キリスト教とほかの宗教との大きな違いはたくさんありますが、イエスという人物が「真の神であり、真の人間でもあった」ということが、決定的に大きな違いでしょう。

ほかの宗教では、このように神であり、人間でもある存在は見当たりません。

イスラム教はアッラーの神、ユダヤ教はヤハウェの神がいますが、人間の形をしてこの世界に降りてくることはありません。

イスラム教の創始者《そうししゃ》マホメットは、あくまでも預言者であり、神ではなく人間です。

仏教の開祖《かいそ》・釈迦《しゃか》も、一人の人間です。仏教のなかに、菩薩《ぼさつ》や如来《にょらい》と呼ばれる尊称がありますが、これらも神ではなく、悟《さと》りを目指している存在であったり（菩薩）、悟りを得た存在（如来）のことを指します。

ユダヤ教では、完全なる存在である神を、「物理的《ぶつりてき》な形であれ、分身《ぶんしん》という形であれ、可視化《かしか》することなどあり得ない」と考えます。偶像崇拝《ぐうぞうすうはい》も固く禁じられていました。

ですからユダヤ教徒は、イエスを「真の神であり、真の人間でもある」とみなすことは、神への冒瀆《ぼうとく》だ、と考えました。ユダヤ教徒は、イエスにこう言います。

「善《よ》い業《わざ》のことで、石で打ち殺すのではない。神を冒瀆したからだ。あなたは、人間なのに、自分を神としているからだ。」（ヨハネによる福音書10－33）

しかしわたしたち人間は、何かしら神の存在を確認したい、実感したいという気持ちもあります。だから神の似せ絵をつくったり、像をつくったりして、それを拠《よ》り所《どころ》にする。

神であり、人間でもあるイエスは、そんなわたしたちの気持ちや願いに、まさにこたえてくれる存在と言えます。この点において、キリスト教というのは特異《とくい》な宗教なのです。

ちなみに、神であり人間でもあるという存在がかつて、わたしたちのこの日本にもいました。そう、万世一系《ばんせいいっけい》の天皇《てんのう》です。太平洋戦争《たいへいようせんそう》の終わるまで、天皇は、神であり人間でもある「現人神《あらひとがみ》」とされていました。

しかし戦後、天皇の人間宣言によってそれは否定され、今日にいたっています。


奇跡の数々、十字架刑、死後の復活…という、強烈《きょうれつ》な物語性も特徴的

もう一つ、キリスト教がほかの宗教と違うところは、イエスが貧しい大工のもとに生まれ、最後は多くの人たちに罵倒《ばとう》され、罪人となって処刑《しょけい》されたという、衝撃的なストーリーです。

救世主として地上に現れ、数々の奇跡を行い、神の存在と、神の愛を人々に伝える。しかしイエスをねたむ人々によって、十字架にかけられ、血を流し、もだえ苦しみながら死んでしまう。

死の3日後、死ぬ前に言ったとおりに、復活して弟子たちの前に現れ、最後《さいご》の審判《しんぱん》の日にはまたやってくると言って、神の国へ帰っていく——。

このような衝撃的で生々《なまなま》しいストーリーを持つ宗教は、キリスト教をおいてほかに見当たりません。

このストーリーの中心的なテーマである、「人間の持つ罪」という考え方も、キリスト教の特徴です。

イエスの受難《じゅなん》（苦しみを受けること）は、わたしたち人間の罪をあがなうための犠牲でした。罪なきイエス・キリストの死によって、わたしたち人間の罪があがなわれた、つぐなわれたと考えるのも、キリスト教ならではの考え方です。

人間であれば誰しも生まれながらにして持っている罪を、「原罪《げんざい》」と言います。

人間には生まれながらに、ぬぐいがたい罪がそなわっている。その罪が形になって現《あらわ》れ出《で》ると、「悪《あく》」となります。原罪についてくわしくは、のちほどあらためて解説しますが、ここではほかの宗教との比較という視点でお話ししましょう。

ユダヤ教でも、創世記のなかに、神が食べてはならないといった「善悪《ぜんあく》の知識《ちしき》の木《き》の実《み》」を食べて、その罰として楽園を追放《ついほう》されたアダムとエバの話がありますから、同じように、「原罪」という意識はあります。ただしその罪が、人間の本性《ほんしょう》としてずっと引き継《つ》がれると考えるのは少数派です。

また、イスラム教は、ユダヤ教やキリスト教とともに「アブラハムの宗教」と呼ばれ、その祖《そ》を同じくすると言われますが、やはり、「原罪」という意識はありません。

キリスト教では、イエスが犠牲になることによって人間の罪があがなわれると同時に、その犠牲によって、自分たちがもともと内側に持っている「原罪」の存在を強く意識し、再認識《さいにんしき》するという構造になっています。

仏教の「因果応報《いんがおうほう》」の世界観と、キリスト教の世界観の違い

人間がもともと「悪」を内在しているという点では、仏教もまた似たような考え方として、「煩悩《ぼんのう》」を挙げています。

人間には欲望や執着《しゅうじゃく》という煩悩があり、それらが悪因《あくいん》となって、さまざまな苦しみが生まれるとします。ただし、その煩悩は、人間の知恵と努力によって消し去っていくことができるというのが、仏教の基本的な立場です。

もちろんたいへんな努力と精進《しょうじん》が必要なのですが、自分の力によって、どうにか煩悩を消し去り、もはや欲望と執着にとらわれない「涅槃《ねはん》」という境地《きょうち》にたどり着くことを目指します。つまり、「自力《じりき》（自分の力）による救済」を中心としているのが、仏教（とくに初《しょ》期《き》の仏教）の立場なのです。

これに対して、キリスト教における「原罪」は、決して人間の力で消し去ることはできません。消し去るには、神の愛と、キリストの受難とが必要となります。その意味で、「他《た》

力《りき》による救済（他の力による救済）」が、キリスト教、とりわけプロテスタントの立場なのです。

これは同時に、キリスト教が「因果論《いんがろん》」を取らないということにもつながります。因果論という言葉について、少し説明をしましょう。仏教には、「悪因苦果《あくいんくか》」「善因楽果《ぜんいんらっか》」という言葉があります。悪いことをすれば、のちに苦しみがやってくる。善いことをすると楽なこと、楽しいことがやってくる。すべての物事の表れには、過去にそれ相応《そうおう》の原因があると考えます。原因があるから結果が生まれる。このような考え方を、「因果論」と呼びます。

「因果応報《いんがおうほう》」という言葉を聞いたことがあるでしょう？　まさに、このことを指した言葉です。だから仏教では、善行《ぜんこう》を積めば極楽《ごくらく》に行けるし、悪行《あくぎょう》を積み重ねれば地獄に落ちると考えるのです。

ところがキリスト教では、因果論ではなくて、「どんなに善行を積んだとしても、それが救済に結びつくとは限らない」と考えるのです。自分が何をしたかは関係なくて、神の国に行けるかどうかは、すべて神の判断による、と考えます。

さきほど、プロテスタントのなかのカルヴァン派は「予定説」を説く、とお話ししました。カルヴァンは、「神の国に行ける者なのか、滅びにいたる者なのか、あらかじめ決まっているのだ」と述べています。これを「二重予定説《にじゅうよていせつ》」と言います。

これはかなり特異な宗教だと思います。仏教に限らず多くの宗教では、良いことをしたら天国に行けるし、悪いことをしたら地獄に落ちる、と説きますよね。ところが、キリスト教のカルヴァン派では、人間が何をしようとも、どんな行いをしようとも、結果は、神の意志によって最初からあらかじめ決まっていると考えるのです。

カトリックでは、多少人間の行いによって変わるという立場もありますが、基本的にはキリスト教は、「他力による救済」を願うものであり、決定論《けっていろん》的な考え方が強いのです。

キーワード7.キリスト教の「愛」

仏教なら「抜苦与楽《ばっくよらく》」(苦しみを除《のぞ》き、喜びを与える)に近い

キリスト教の「愛」は、ギリシア語のアガペー、つまり無償の愛であることはすでにお

話ししました。見返りを求めない無限の愛、分けへだてなく与える愛こそ、キリスト教における「愛」なのです。

仏教には、「慈悲《じひ》」と言う言葉があります。

日本語で「慈」は、いつくしみ、と読みますが、目下《めした》の者や弱い者をかわいがって大事にする気持ちを表します。「悲」は、かなしみ、胸がしめつけられるような、あのせつない気持ちのことです。

ただし、仏教的な本来の意味は少し違っています。

仏教で「慈」とは、「相手を喜ばせたい、楽しみを与えてあげたい」という気持ちです（「与楽《よらく》」と言います）。「悲」とは、「相手の苦しみを取り除いてあげたい」と思う気持ちです（「抜苦《ばっく》」と言います）。

ですから仏教では「慈悲」のことを、「抜苦与楽」（相手の苦しみを除き、喜びを与える）とも言います。

たとえば子どもが風邪をひいて熱を出して苦しんでいるときの、親の行動を思い出してみましょう。熱が下がるようにと薬を飲ませたり、頭を冷やしたりして、少しでも苦痛が軽くなるように、と看病《かんびょう》しますね。これが「悲」であり、「抜苦」の行為です。

また、少し元気になって何か食べたいと子どもが言ったら、大好きな食べ物を食べさせてあげて、喜ぶ顔が見たいと思うでしょう。これが「慈」であり、「与楽」の行為です。そこには見返りを求める気持ちはありません。ただただ、子どもの苦しみを軽くしてやりたい、元気を取り戻させたい、という親心《おやごころ》です。

一方、キリスト教における愛を考えてみましょう。

聖書では、イエス・キリストが行ったさまざまな奇跡が記されています。彼は行く先々で、病に苦しむ人を癒《いや》し、目の見えない人や口の利《き》けない人など、体の不自由な人を治します。これらはまさに「悲」、抜苦の行為でしょう。

また、彼に付き従ってきた数千人の食事が足りないときに、奇跡を起こして、すべての人を満腹にします。これはさきほどの「慈」、与楽の行為だと言えます。

そのほかにも、差別されている人を食事に招いたり、罪を咎《とが》められて罰されようとしている人を助けたりしています。

「疲れた者、重荷《おもに》を負《お》う者は、だれでもわたしのもとに来なさい。休ませてあげよう。わたしは柔和《にゅうわ》で謙遜《けんそん》な者だから、わたしの軛《くびき》を負い、わたしに学びなさい。そうすれば、あなたがたは安らぎを得られる。」（マタイによる福音書**11**：28－29）

イエス・キリストは、多くの人の苦しみを取り除き、疲れている人を休ませました。そして自分の教えを学べば、誰もが等しく、安らぎを得られると言いました。

また、他人を喜ばせることの大切さについては、キリスト教伝道者のパウロがこのように言っています。

「おのおの善を行って隣人を喜ばせ、互いの向上に努めるべきです。」（ローマの信徒への手紙15・2）

こうして見てくると、キリスト教の「愛」は、仏教の「慈悲」の考え方と、とても似ている部分があるのがわかります。

儒教《じゅきょう》なら「己《おのれ》の欲《ほっ》せざる所《ところ》を、人《ひと》に施《ほどこ》す勿《な》かれ」に似ている

また、儒教の祖である孔子《こうし》は、自分の説く道徳のなかで、もっとも基本であり大切なものとして、「仁《じん》」を唱えました。孔子と弟子たちとの問答《もんどう》を集めた『論語《ろんご》』のなかでは、しきりに弟子たちが「仁」とは何かを尋《たず》ね、孔子はそのたびに弟子のレベルに合わせるように、言葉を変えて説明しています。

顔淵《がんえん》という孔子の一番弟子が、「仁」について尋ねたときは、こう答えます。

「己《おのれ》に克《か》ちて礼《れい》に復《かえ》るを仁《じん》と為《な》す。一日《いちじつ》己に克ちて礼に復れば、天下《てんか》仁に帰《き》す。」（自分の欲に克《か》ち、礼という規範《きはん》に復《かえ》るのが仁ということだ。一日でもそれができれば、世の中の人もこれを見習い、仁に目覚めるであろう）（『論語』齋藤孝《さいとうたかし》・訳、筑摩書房《ちくましょぼう》）

礼とは、人が従うべき社会の規範のこと。つまり仁とは、自分の欲望を抑《おさ》えて、他人に迷惑をかけないことだと言います。

また、仲弓《ちゅうきゅう》という弟子が、尋ねたときには、

「己《おのれ》の欲《ほっ》せざる所《ところ》を、人《ひと》に施《ほどこ》す勿《な》かれ。」（自分が望まないことは、人にもしないように）（『論語』）

と、答えています。当たり前のことなのですが、ついつい、やってしまうことはありませんか？

さらに弟子の樊遅《はんち》という人が、「仁」とは何か、と問います。

「樊遅、仁を問う。子曰《しい》わく、『人を愛す』」（樊遅が仁とは何でしょうかとおたずねすると、先生は、「人を愛することだ」といわれた）（『論語』）

ずばり、「仁」とは、人を愛することだと。

つまり孔子は、自分の欲望やわがままを抑え、相手の立場に立って相手の気持ちになっ

て考え、思いやりを持って行動する、この気持ちが仁であり、その本質は、人に対する愛なのだ、と答えているのです。

これはキリスト教でいうならば、「隣人愛」ということになるでしょう。

イエス・キリストは差別されている人、虐《しいた》げられている人に対して分けへだてなくつき合いました。それはどんな相手であっても尊重するという、孔子の「仁」の考え方に近いものがあると思います。

自分の敵や、攻撃してくる人をも、愛することができるか

ただし、キリスト教の愛は、さらに広がりを持っているように思います。なぜならその愛は、隣人どころか、「自分を害《がい》する敵」にさえも向けられるからです。

「あなたがたも聞いているとおり、『隣人を愛し、敵を憎め』と命じられている。しかし、わたしは言っておく。敵を愛し、自分を迫害する者のために祈りなさい。」（マタイによる福音書5・43−44）

キリスト教における愛とは、その相手によって、態度が変わるものではありません。性別や人種《じんしゅ》、貧富の違いはもちろんですが、たとえそれが自分にとっての敵であろうとも注

がれるべきものが、キリスト教の愛なのです。

それが愛の本質であり、愛は、どんな区別や垣根《かきね》、障害《しょうがい》、利害関係《りがいかんけい》をも超えるということなのでしょう。

そしてキリスト教の愛がここまで徹底するのは、やはり絶対的な神の存在と、その神からすべての人々に無償の愛が注がれている、ということが前提になっているからだと思います。

仏教も儒教も、絶対的な神を設定していません。「愛」と言ってもいろんな形があることを第1章でお話ししましたが、「アガペー」のような無償の愛を人間が実践するには、神の愛なくしてあり得ない、とキリスト教徒は考えます。

『心を尽《つ》くし、精神を尽くし、思いを尽くして、あなたの神である主《しゅ》を愛しなさい。』これが最も重要な第一の掟である。第二も、これと同じように重要である。『隣人を自分のように愛しなさい。』律法全体と預言者は、この二つの掟に基づいている。」（マタイによる福音書**22**・37－40）

当時、ユダヤ教徒が絶対としていた律法や預言者の言葉も、「愛」の実践があってこそ意味があるのです。律法も預言書も、愛がなければ、無に等しいのです。

イエス・キリストは、無償の愛という概念《がいねん》によって、当時の人々の宗教観を根本から変えてしまいました。

† キーワード8．原罪《げんざい》

人間は誰も、放っておけば、悪いことをしてしまう性質がある

「原罪」は、最初の人間であるアダムとエバが、楽園《らくえん》（エデンの園《その》）において、神から「決して食べてはならない」と言われた「善悪の知識の木の実」を食べたことから始まるとされています。

神の言いつけを破り、その木の実を食べて「神のように善悪を知るものとなる力」を得ようとしたこと。そして、神に「食べたのか」と問いただされたとき、アダムは「女が取って与えたので食べました」と言い、エバは「蛇がだましたので食べてしまいました」と言って、責任転嫁《せきにんてんか》をしたり嘘をついたりします。これが、神の逆鱗《げきりん》に触れました。

アダムは、神にこのように言われます。

「お前は女の声に従い　取って食べるなと命《めい》じた木から食べた。お前のゆえに、土は呪《のろ》われるものとなった。お前は、生涯《しょうがい》食べ物を得ようと苦しむ。（中略）お前は顔に汗を流してパンを得る　土に返るときまで。お前がそこから取られた土に。塵《ちり》にすぎないお前は塵に返る。」（創世記3・17－19）

エデンの園では、アダムとエバは食べ物に苦労することなく、また、死ぬこともありませんでした。

ところが、その楽園から追放されることで、苦労して食べ物を得ねばならないことになり、命に限りが設けられることになりました。このことがわたしたち人類に与えられた「原罪」の始まりです。

と同時に、欲望を我慢できなかったり、神のような知恵をつけたいという思い上がりだったり、立場がまずくなると嘘をついて他人に責任転嫁したりといった性質が、アダムとエバの末裔《まつえい》であるわたしたち人間には、しっかりと引き継がれていくことになります。

わたしたちは、自分の保身《ほしん》のために、あるいは自分の利益《りえき》や欲求のために、嘘をつき、人をごまかし、責任転嫁をします。

大人であれ子どもであれ、何かしら嘘をついたことのない人はいないでしょう。自分の欲望を達成するために、ときには人をだましたり利用したりすることもありますし、誘惑《ゆうわく》に負けて、良くないとわかっていても、悪いことに手を出してしまうこともあります。

人間はこのように、放っておけば、悪のほうに傾いてしまう性質があるのです。

そしてこの性質は、アダムとエバの時代から、ずっと続いているということです。

「わたしは、自分の内《うち》には、つまりわたしの肉には、善が住んでいないことを知っています。善をなそうという意志はありますが、それを実行できないからです。わたしは自分の望む善は行わず、望まない悪を行っている。」（ローマの信徒への手紙7・18－19）

イエス・キリストに感化され、善を実践していたいと、こころから願ったのがキリスト教伝道者のパウロですが、それでもやはり「自分が望んでいない悪」を行ってしまう。この言葉はそんな彼の、絶望的な告白です。敬虔《けいけん》な信徒であるパウロでさえそうなのですから、まして一般の人間に、どれだけ悪から逃れる力があるでしょうか。

悪をやめない人間を、大洪水で全滅《ぜんめつ》させ、天からの火で焼き尽くす

アダムとエバから始まった人間の悪の行いは、常に神の怒りを買ってきました。

彼らの子どものカインは、神に祝福された弟のアベルに嫉妬《しっと》し、アベルを殺してしまいます。怒った神は、カインをその土地から追放し、カインは放浪《ほうろう》の身となりました。

アダムの末裔《まつえい》であるノアの時代には、人の悪がそこかしこではびこるようになりました。創造主《そうぞうしゅ》である神は、自分が人間をつくったことを後悔《こうかい》し、大洪水ですべて滅ぼすことに決めます。

ただし、信心深《しんじんぶか》いノアは助けることにしました。神の言葉のとおりにノアは大きな箱舟をつくり、家族と、さまざまなつがいの動物たちとともに乗り込みます。それから40日40夜の雨が続くと大洪水が起き、箱舟に乗ったノアと、その家族と動物たち以外、命あるものはすべて全滅してしまいます。

今度はそのノアの子孫たちが、天にも届くかという高い塔、バベルの塔の建設を始めます。それは神に肩を並べようとする、人間の傲慢《ごうまん》さの表れでした。「みんな一つの言葉を話しているから、このようなことをし始めたのだ」と考えた神は、それまで一つだった人間の言葉を混乱させ、互いの言葉が聞き分けられないようにしてしまいました。そして神によって全地《ぜんち》に散らされた人々は、塔の建設を断念《だんねん》しました。

さらに時代が下ると、ソドムとゴモラの街の話が出てきます。みだらな行為にふけり、暴力も横行し、自堕落《じだらく》な暮らしをしていたこの街の人々に怒った神は、硫黄の火を天から降らせて焼き尽くし、全滅させてしまいました。

このように、人間は長い歴史のなかで、いつも神のことを忘れ、神の期待を裏切るように、悪と堕落とを繰り返してきたのです。聖書を読むと、人間の罪というものが身に迫ってきます。

「彼らは神を認めようとしなかったので、神は彼らを無価値《むかち》な思いに渡され、そのため、彼らはしてはならないことをするようになりました。あらゆる不義《ふぎ》、悪、むさぼり、悪意《あくい》に満ち、ねたみ、殺意、不和《ふわ》、欺《あざむ》き、邪念《じゃねん》にあふれ、陰口を言い、人をそしり、神を憎み、人を侮《あなど》り、高慢《こうまん》であり、大言《たいげん》を吐き、悪事《あくじ》をたくらみ、親に逆《さか》らい、無知《むち》、不誠実《ふせいじつ》、無情《むじょう》、無慈悲《むじひ》です。」（ローマの信徒への手紙1・28－31）

この世の終わりに、神の国に行く者と、滅びる者とが分けられる

しかし、悪の行いと、その原因となる原罪とは、人間が自分の力でぬぐい去ることはできません。

イエス・キリストの受難、イエスが血を流し苦しみの果《は》てに命を落としたその犠牲によ

ってはじめて、人間の罪があがなわれるというのがキリスト教の立場です。神の子であり人の子であるイエスだけが、人間の罪をつぐなってくれるのです。

では、イエス・キリストによる罪のあがないによって、わたしたちは全員、神の国に行けるのでしょうか？

残念ながらそうではありません。イエス・キリストによってわたしたちの罪があがなわれたことで、断絶《だんぜつ》状態だった神との関係は修復《しゅうふく》されました。そして人の子イエスの生き方にならい、神を信じることによって、神の国に行くことができる可能性が生まれます。

しかしあくまでも可能性ということであって、決定ではありません。

神の国に行けるかどうかは、時を経《へ》て「最後《さいご》の審判《しんぱん》」の日がやってきたとき、神の裁きによって決まるのです。

イエス・キリストは十字架刑で死んだあと、3日後に復活し、弟子たちの前に姿を現します。そして40日間、弟子たちにさまざまなメッセージを伝えたのち、「私はすぐに来る」と言い残して、天に昇って行きました。イエスは、再びこの世界にやってくると約束したのです。

それは、神による「最後の審判」が行われるためです。世界の歴史が終わりを迎え、生きているものもすでに死んでしまったものも、一度すべて神の前に集められ、神によって裁きが行われます。そして、神の国に行く者と、滅びる者とに分けられるのです。

そして「そのとき」、世界は混乱と苦しみの世界となっているとイエスは言うのです。

「戦争の騒《さわ》ぎや戦争のうわさを聞くだろうが、慌《あわ》てないように気をつけなさい。そういうことは起こるに決まっているが、まだ世《よ》の終わりではない。民《たみ》は民に、国は国に敵対《てきたい》して立ち上がり、方々《ほうぼう》に飢饉《ききん》や地震が起こる。しかし、これらはすべて産《う》みの苦しみの始まりである。」（マタイによる福音書24・6－8）

このような終末の世界に、イエス・キリストが、天《てん》の雲《くも》に乗って再び現れます。

「その苦難の日々の後《のち》、たちまち太陽は暗くなり、月は光を放《はな》たず、星は空から落ち、天体は揺《ゆ》り動かされる。そのとき、人《ひと》の子《こ》の徴《しるし》が天に現れる。そして、そのとき、地上のすべての民族は悲しみ、人の子が大いなる力と栄光《えいこう》を帯《お》びて天の雲に乗って来るのを見る。人の子は、大きなラッパの音《ね》を合図にその天使たちを遣《つか》わす。天使たちは、天の果てから果てまで、彼によって選ばれた人たちを四方《ほう》から呼び集める。」（マタイによる福音書24・29－31）

人《ひと》の子《こ》、というのは、イエス・キリストのことです。最後の審判のときには、死者も再び神の力によって復活します。そして生きている者と合わせて、すべての人たちが審判を受けることになります。そして、神に選ばれた者は、神の国へ行き、永遠の命を得ることになります。

神がつくった完全な世界のはずなのに、なぜ「悪」がはびこるのか

ここで、「悪」について、少しお話ししておきましょう。

そもそも人間は、完全な存在である神がつくったものなのに、この世にはなぜ、「悪」が存在するのでしょうか?

じつはこれ、キリスト教の教えを学問の体系《たいけい》としてまとめる人たちである「神学者《しんがくしゃ》」にとっての大きな問題でした。

神がこの世界をつくりそこなった、ということだと、神は完全な存在ではなくなります。ところがこの世界は、悪によって争いや苦しみが絶えません。悪いことをしていない人たちが戦争や飢饉《ききん》、疫病《えきびょう》でたくさん死に、世界は悲しみにあふれています。神が完全な存在なら、そんな悪を排除《はいじょ》することもできるはずです。それをしないのは、神の力が悪の力よりも弱いのか、あるいは、神はあえて知らんぷりをしているのか。

悪とは何かについて、ローマ帝国時代のアウグスティヌス(354~430)という神

学者は、「善《ぜん》の欠如《けつじょ》」と考えました。神の威光《いこう》で世界は善に満ちているはずですが、そこにどうしても濃淡《のうたん》がある。善が薄い部分や欠如している部分に、悪が生まれ、はびこると言うのです。

さらにアウグスティヌス神学を継承《けいしょう》する形で登場したのが、「自由意志論《じゆういしろん》」です。悪とは、「自由で、理性的で、誤《あやま》りを犯しやすい人間の行為によって生まれる」と考えます。神が人間を創造したとき、土の塵《ちり》で人を形《かたち》づくり、その鼻から命《いのち》の息《いき》を吹き込みました。神に命の息を吹き込まれたことで、人間は、ほかの動物とは違う「自由意志を持った」とするのです。自由意志を持った人間は、間違った選択をしてしまう。それが悪となり、さまざまな災禍《さいか》を生むと考えます。

ドイツの哲学者ライプニッツ（1646〜1716）は、「より大きな善のために、小さな悪が容認《ようにん》される」と考えました。小さな悪は、より大きな善を達成するための試練《しれん》であり、人間によって乗り超えられるべきためにある、というのです。

また、イギリスの哲学者リチャード・スウィンバーン（1934〜）という人は、悪によって引き起こされる苦難や災難は、善の達成のための「教育的な試練だ」と考えます。人間が悪を意識し、みずから正しい選択ができるようになるために、悪が存在すると考えるのです。自由意志論と、ライプニッツの考え方を合わせたような考え方だと言えるでしょう。ちなみにスウィンバーンという人は数学的な検証《けんしょう》によって、「神が存在する確率《かくりつ》は、存在しない確率より高い」という、独自《どくじ》の理論《りろん》を打ち立てた人でもあります。

ライプニッツやスウィンバーンの言うように、「悪は、大きな善を達成するための試練」だと考えると、世界はその試練を乗り越えて、次第に善が増えていき、最後には悪のない善の世界が完成する可能性が出てきます。そうなると、キリストの再臨も必要ないということになります。

第一次世界大戦、第二次世界大戦…。人間に悪に打ち勝つ力はない

しかし、第一次世界大戦、第二次世界大戦が起き、大量殺戮兵器《たいりょうさつりくへいき》が繰り返し使われる時代になると、もはや「より大きな善のための、小さな悪」などとのんびりしたことは言っていられなくなりました。世界は善に向かっていくどころか、悪はどんどん大きくなっていくばかりです。

現代のプロテスタントの神学者は、「善の達成のために、人間が悪を克服《こくふく》する」という考え方には、はっきりと見切《みき》りをつけています。人間には、悪に打ち勝つ力はない、とし

ているのです。それどころか人間は、常に間違った選択、悪を選択するものだと考えます。

では、悪をどう説明したらいいか？

ドイツのプロテスタント神学者に、ユルゲン・モルトマン（1926〜）という人がいます。モルトマンは、神はかつては宇宙の隅々《すみずみ》にまで満ちていたのですが、あるとき「縮もう」と決めた、というのです。「神の収縮《しゅうしゅく》」です。

そして神は、縮むことによって、その空いた空間を人間に譲《ゆず》ったというのです。

空いた空間には神は不在《ふざい》ですから、そこには悪がはびこります。その場所で生きているわれわれ人間が自由に活動すればするほど、悪が生まれます。

しかし、「縮んだ」神は、そんなわたしたちをすっかり忘れているわけではありません。むしろ常に気にかけて、その恩寵《おんちょう》によって「神なき世界」に働きかけ、神の存在を知らせています。

「神の存在を知らせる」。その恩寵が、さまざまな預言者を通じての預言であったり、聖霊によるメッセージであったり、もっとも大きなものとして、イエス・キリストがこの世界に派遣《はけん》され犠牲となって死んだことであったり、というわけです。そうやって、この世界が地獄に落ちることを何とか防《ふせ》いでいるのです。

しかし、いずれこの世界が完全に悪に満ちてしまったときには、神は縮むことをやめて、その隙間《すきま》を埋めようと、わたしたちの世界に浸透《しんとう》してきます。それが、キリストの再臨であり、最後の審判ということです。

このモルトマンの説は、「神と人間の関係」と、「時間の流れ」とをふまえると、とても説得力のあるものだと、わたしは思っています。

自分のなかの「悪」を認めることが、強く生きるための力になる

人間の本性《ほんしょう》は善であるというのが、「性善説《せいぜんせつ》」です。一方、本性が悪であるというのが、「性悪説《せいあくせつ》」です。

キリスト教はこれまで見てきたように、明らかに性悪説の立場に立っています。放っておけば人間は間違いを犯し、悪へと導かれるものという考え方です。

ですから、キリスト教では、近代の思想《しそう》の根本《こんぽん》にある「ヒューマニズム（人間中心主義）」を良いものとはしていません。本性が「悪」である人間を中心にして世界をつくっても、決して良い世の中にはならないと考えるからです。

あるいは「自由主義」というものも信用していません。人間が自由に活動したところで、

必ずその結果は悪に染《そ》まったもの、悪に流されたものにしかならない、と考えているからです。

だからキリスト教徒は、ヒューマニズムと自由主義が主流になった近代以降の時代は、決して良い時代ではなく、いよいよ終末《しゅうまつ》に近づいた「悪の時代」と考えています。

キリスト教徒ではない読者にとっては、原罪の話も、悪の話も、なんだかピンとこないかもしれませんね。まして自分という人間が「悪」であり、「原罪」を持っているとなると、自分を否定するような気持ちになり、自信が持てなくなるかもしれません。

しかしわたしから言わせると、それは逆です。

自分のなかの原罪や悪を認め、絶対的な神とその恩寵《おんちょう》を信じるということは、自己否定《じこひてい》ではなくて「自己確信《じこかくしん》」なのです。

どういうことかというと、イエス・キリストにならい、その生き方の規範《きはん》とすることで、「目に見えないもの」とつながっている確信が持てるということです。それが、自己確信です。そうすると、さまざまな逆境《ぎゃっきょう》や困難も「神様からの試練」としてとらえられるし、そういうときに、大いなるものの存在の力を感じることができる。これは、人生を生きていく上で、とても強い力になります。

自分の悪を認めず、自由意志にまかせ、自分たちが神と同じような全能《ぜんのう》の存在だと考えるとき、人間は間違いなく、「孤独《こどく》」と「虚無《きょむ》」のなかに落ち込んでしまいます。実際、近代以降の多くのこころの病は、本質的にこの「孤独」と「虚無」とにかかわっているのです。

いま世の中は混迷《こんめい》の時代を迎え、さまざまな争いや断絶《だんぜつ》が起きています。わたしたちが、人間の持つ「悪」についてしっかりと向き合うことが、とても大事な時代だと思います。世の中を少しでも良いもの、明るいものにするために、まずはわたしたちは、「自分自身が持っている悪」を認識する必要がある。人間の悪とずっと向き合ってきたキリスト教には、これからの時代を良くするための大きなヒントがあると、わたしは考えています。

第3章

イエス・キリストの生涯と、伝えたかったこと

イエスの布教活動は3年ほどだったのに、世界最大の宗教となる

ここであらためてイエス・キリストの生涯と、その教えの真髄《しんずい》についてお話しします。

イエスはおよそ2000年前に、いまのパレスチナ、当時はユダヤといわれた地域の、ベツレヘムという町で、生《せい》を受《う》けました。

30歳くらいのときにヨルダン川のほとりで洗礼《せんれい》を受け、その後、救世主《きゅうせいしゅ》（メシア）としての自覚を持ちながら布教活動を始めます。現在のイスラエル北部にあるガリラヤ湖周辺の町から、死海《しかい》周辺のエルサレムまでの地域を中心に活動しました。

約3年間という短い期間でしたが、その間にイエスは数多くの奇跡を行い、神の愛を説き、さまざまな階層《かいそう》に多くの信者ができました。

たくさんの人が彼の後に付き従い、ゆく先々の町で、噂を聞きつけた人々が、イエスを一目見よう、病や苦しみを癒してもらおう、と集まりました。

当時、ユダヤの人たちに信じられていたのはユダヤ教であり、神の掟とされる「律法《りっぽう》」を守ることが一番大切なこととされていました。

そんな枠組《わくぐ》みから外れて自由にふるまい、多くの民衆に救世主として信奉《しんぽう》されるイエス

に、それまでのユダヤ教の指導者たちは、激しい憎悪《ぞうお》と嫉妬《しっと》、危機感を抱きました。自分たちのやり方を否定するイエスが、その権威を失墜《しっつい》させることになるからです。

ユダヤ教の聖地、エルサレムに入ったイエスは、弟子のユダの裏切りによって捕らえられ、反逆者《はんぎゃくしゃ》として十字架の刑によって命を落とします。

イエスが亡くなって3日後、生前に予告したとおりに復活してよみがえり、再び信者たちの目の前に現れます。そして伝道を彼らに託《たく》し、来るべき再臨と最後の審判の日が来ることを告げ、天に昇っていきます。

わずか30年ちょっとの人生でしたが、イエス・キリストは神の愛と恩寵を伝え、多くの人を癒し、救いました。その後の弟子たちの献身的な伝道活動によって、キリスト教は世界最大の信者を誇る宗教として、いまも影響を与え続けています。

イエスが誕生したとされる年を紀元《きげん》として、前後をB.C.（Before Crist／キリスト以前）、A.D.（Anno Domini／ラテン語で、主イエス・キリストの年に）と分け、「西暦」として世界の年号のスタンダードになっていることを見ても、その影響力がどれだけ強いかがわかると思います。

そんなイエス・キリストの足跡を振り返りながら、その教えの真髄を改めて確認していきましょう。

†救世主の預言　困難に遭《あ》う人々に、待ち望まれていた「救世主」

ユダヤ教徒にとってイエスは、インチキ救世主だった?

旧約聖書では、神との約束を守らずに乱れた世の中と、困難に遭う人々を救うべく、救世主（メシア）が現れることが預言されています。キリスト教は、イエスこそがその救世主であることを信じて疑いません。しかしユダヤ教においては、イエスは偽《にせ》預言者であり、救世主はいまだ現れていないということになっています。

ユダヤ教徒から見てイエスが偽物《にせもの》だというのは、イエスが処刑で死んだ、ということが一つの大きな理由です。ユダヤ教では、「救世主は刑死《けいし》しない」ことになっているからです。イエスが神の子であるならば、犯罪者のように命を落とすことはないというのです。

十字架にはりつけられたイエスに向かって、人々はこう言って侮辱《ぶじょく》します。

「他人は救ったのに、自分は救えない。イスラエルの王だ。今すぐ十字架から降りるがいい。そうすれば、信じてやろう。神に頼っているが、神の御心《みこころ》ならば、今すぐ救ってもらえ。『わたしは神の子だ』と言っていたのだから。」（マタイによる福音書27・42－43）

神の子であれば、受難《じゅなん》を避けることもできたはずです。イエスを憎んでいたユダヤ教の指導者たちは、十字架にはりつけられて苦しむイエスの姿を見て、「それ見たことか」と誰もが思ったでしょう。そして「よくもいままで神の子のふりをしていたものだ」と、怒りをさらにふくらませたのではないでしょうか。

神の子イエスが、奇跡の力で受難を脱出する場面を期待していた民衆たちも、肩すかしを食らってしまいました。なまじ信じていただけに、だまされていたのだという怒りと憎しみがわき起こった人も多かったと思います。

そしてイエスは、インチキ救世主として、多くの人たちから罵声《ばせい》と嘲笑《ちょうしょう》を浴びながら息《いき》絶《た》えるのです。

罪人として死んでいく救世主を預言した「イザヤ書」

しかし、旧約聖書の「イザヤ書」では、まさに救世主がそのように多くの人たちからさげすまれながら、罪人として死ぬことを預言しているのです。イザヤ書は、イエスの十字架刑の700年以上前に書かれたとされる預言書です。

わたしたちの聞いたことを、誰が信じえようか。
主《しゅ》は御腕《みうで》の力を誰に示されたことがあろうか。
乾いた地に埋もれた根から生《は》え出《で》た若枝《わかえだ》のように
この人は主の前に育った。
見るべき面影《おもかげ》はなく
輝かしい風格《ふうかく》も、好《この》ましい容姿もない。
彼は軽蔑《けいべつ》され、人々に見捨てられ
多くの痛みを負い、病《やまい》を知っている。
彼はわたしたちに顔を隠し
わたしたちは彼を軽蔑し、無視《むし》していた。
彼が担《にな》ったのはわたしたちの病
彼が負ったのはわたしたちの痛みであったのに

わたしたちは思っていた
神の手にかかり、打たれたから
彼は苦しんでいるのだ、と。（イザヤ書53・1－4）

預言には、彼（救世主）の受難は、「わたしたちの病《やまい》」、すなわち、わたしたち人間の罪を背負ってのためだったと、書かれています。

彼が刺《さ》し貫《ぬ》かれたのは
わたしたちの背《そむ》きのためであり
彼が打《う》ち砕《くだ》かれたのは
わたしたちの咎《とが》のためであった。
彼の受けた懲《こ》らしめによって
わたしたちに平和が与えられ
彼の受けた傷によって、わたしたちはいやされた。
わたしたちは羊の群《む》れ

道を誤り、それぞれの方角に向かって行った。
そのわたしたちの罪をすべて
主は彼に負わせられた。
苦役《くえき》を課《か》せられて、かがみ込み
彼は口を開かなかった。
屠《ほふ》り場《ば》に引かれる小羊《こひつじ》のように
毛を刈《か》る者の前に物を言わない羊のように
彼は口を開かなかった。
捕らえられ、裁《さば》きを受けて、彼は命を取られた。
彼の時代の誰が思《おも》い巡《めぐ》らしたであろうか
わたしの民《たみ》の背きのゆえに、彼が神の手にかかり
命ある者の地から断たれたことを。
彼は不法《ふほう》を働かず
その口に偽《いつわ》りもなかったのに
その墓は神に逆《さか》らう者と共にされ

富《と》める者と共に葬《ほうむ》られた。
病に苦しむこの人を打ち砕こうと主は望まれ
彼は自らを償《つぐな》いの献《ささ》げ物《もの》とした。
彼は、子孫が末永《すえなが》く続くのを見る。
主の望まれることは
彼の手によって成《な》し遂《と》げられる。（イザヤ書53・5－10）

「背《そむ》き」とは、主である神に背くこと。「咎《とが》」というのは、罪のことです。

彼（救世主）は、自分の罪ではなく、わたしたち人間の罪を背負い、その代理として裁かれたというのです。

ユダヤ教の人たちが、インチキ救世主と考えたイエスの末路《まつろ》、すなわち、罪人として罰せられ苦しみのなかで命を落とした姿を、キリスト教では、旧約聖書のイザヤ書に出てくるこの救世主の姿と重ね合わせて、受け止めるのです。

それにしてもイザヤ書の預言は、あまりにもイエスの姿と運命を正確に描き出していきます。不思議なことです。

彼は自らの苦しみの実《みの》りを見
それを知って満足する。
(中略)
彼が自《みずか》らをなげうち、死んで
罪人《つみびと》のひとりに数えられたからだ。
多くの人の過《あやま》ちを担い
背いた者のために執《と》り成《な》しをしたのは
この人であった。(イザヤ書53・11-12)

イザヤ書の預言のごとく、イエスは、多くの人の「過《あやま》ちを担い」、神に背いた人間たちのために罪人として死んだことで、神と人間の「執《と》り成《な》し」をした。このように、キリスト教では考えます。

時代背景 イエスが誕生するころは、もっとも困難な時代だった

イエスが生まれるころの時代は、キリスト教の立場では「歴史上もっとも人類が困難に直面していた時代」ということになります。というのもユダヤの人々の間では、救世主はもっとも悲惨《ひさん》な時代と場所に現れる、と考えられていたからです。

ただし、実際に歴史上もっとも悲惨な時代だったかどうかは比較のしようがありません。いつの時代にも、それぞれに悲惨な状況があるからです。

当時カナンと呼ばれていたイスラエルの地は、権力争いと戦争が絶えませんでした。

紀元前2世紀にユダヤ人が起こしたハスモン朝は、内部の権力争いで混乱していました。そこに当時の共和政《きょうわせい》ローマが介入《かいにゅう》し、傀儡政権《かいらいせいけん》をつくります。傀儡政権というのは、他国(この場合、共和政ローマ)の意のままに、あやつられている政権ということです。

紀元前37年、イドメア人という民族出身の「ヘロデ」という人が、ハスモン朝を破ります。ヘロデは、共和政ローマから「ユダヤ人の住む地域を支配する王」として認められ、ヘロデ大王となります。

その後、共和政ローマは、紀元前27年に「帝政《ていせい》ローマ」と政治体制を変えます。

イエスが生まれるころの時代、ユダヤの人々は、帝政ローマと、イドメア人出身のヘロデ大王とに、二重の支配をされる形となっていました。

掟を守れないものは、差別され、罰を下される

またそのころユダヤ教には、神殿での祭祀《さいし》を重視する「サドカイ派」と、律法を守ることを重視する「ファリサイ派」と、一般社会から離れて禁欲的《きんよくてき》な信仰生活を送る「エッセネ派」の、主要な3つのグループがありました。

なかでもサドカイ派とファリサイ派は、その特権的な立場から民衆を見下していました。彼らは神殿や律法にたずさわる立場であり、神の意志にそった選ばれたものである、という自負《じふ》があったのです。律法の厳守を第一とするファリサイ派は、それを守れない人間は堕落した人間として、ときに排斥《はいせき》し、ときに厳しい刑罰《けいばつ》を与えました。

いまの社会で言うと、「二極化《にきょくか》」という言葉が当てはまるかもしれません。社会の上層であるファリサイ派の人たちは、ユダヤ教の教えを知り尽くしているということで、特権的な階級が認められていたのです。

ユダヤ教の律法のなかには、「安息日《あんそくび》にはいかなる仕事をしてはならない」というものがあります。安息日とは、ユダヤ教では、金曜日の日没《にちぼつ》から土曜日の日没までの1日間です。創世記で、神が6日間かけて天地創造をしたあと、7日目に休んだことにちなみます。

しかし社会の下層の人たちは、その貧しさゆえに、その律法を犯しても安息日に働かなくてはなりません。また無知ゆえに、知らずに律法に違反してしまうこともあります。

そのたびにユダヤ教の権威者たちに、罪深き人間として、さげすまれ、差別され、罰されていました。

戦乱、二重支配、厳しい戒律…。

当時の人々は、圧政《あっせい》と差別により、絶望や恐怖のなかで暮らしていました。その意味で、暗く、困難の多い時代だったということです。

律法にとらわれることはなく、「神を信じるなら、その愛によってすべての者は救われる」としたイエス・キリストの教えは、このような暗く閉塞《へいそく》した時代にこそ、多くの民衆に熱狂的に迎え入れられることになります。

イエス誕生　馬小屋で生まれ、エサを入れておく桶《おけ》に寝かされる

社会の底辺、貧しく虐《しいた》げられたところに生まれる

イエスは、現在のイスラエル北部、ガリラヤ地方のナザレという町に住んでいた大工のヨセフと、その妻のマリアの間に生まれました。

ある日、マリアの前に天使ガブリエルが現れ、こう告げます。

「あなたは神から恵みをいただいた。あなたは身ごもって男の子を産むが、その子をイエスと名付けなさい。その子は偉大な人になり、いと高《たか》き方《かた》の子《こ》と言われる。」（ルカによる福音書1・30－32）

マリアは当時ヨセフと婚約こそしていましたが、結婚前であり処女《しょじょ》でした。困惑《こんわく》するマリアに「聖霊があなたに降り、懐胎《かいたい》する」と説明します。

やがて二人は結婚し出産が間近になると、ヨセフの故郷ベツレヘムという町に、出生登録《しゅっせいとう》のために向かいます。当時、出生登録は、自分の先祖の地でするように定められていた

のです。ヨセフは貧しい大工でしたが、もとをたどればじつは、かつてのイスラエルの偉大な王、ダビデ王の子孫でした。

二人はナザレから3日間旅して、ベツレヘムに着きました。ところがあいにく、宿は満杯。仕方なく馬小屋に宿泊したとき、マリアは産気《さんけ》づき、イエスが生まれました。

イエスは近くにあった飼《か》い葉桶《ばおけ》に布にくるんで寝かされました。飼い葉桶とは、馬に与えるエサ（干し草など）を入れておく桶のことです。

それにしても、救世主の誕生にしては、あまりにも地味で貧しい感じがしませんか？ヨセフは、ダビデ王の子孫とはいえ貧しい大工です。そして生まれた場所も、ちゃんとした宿ではなく、馬小屋なのですから。

しかし、ここにこそ、イエス・キリストの救世主たるゆえんがあります。つまり、もっとも貧しい場所、社会の底辺の人々のもとにこそ、神は現れるということ。そして貧困と差別、病苦《びょうく》にあえぐ人たちを救うことこそ、神の意志であるということです。

イエスが誕生した夜、神の使いである天使が、その地方で野宿をして、夜どおし、羊の番をしていた羊飼《ひつじか》いたちの前に現れ、イエスの誕生を告げます。

「今日ダビデの町で、あなたがたのために救い主がお生まれになった。この方こそ主メシ

アである。あなたがたは、布にくるまって飼い葉桶の中に寝ている乳飲み子《ちのご》を見つけるであろう。」（ルカによる福音書2・11－12）

羊飼いたちは驚き、急いでベツレヘムへ向かいます。そして、マリアとヨセフ、飼い葉桶に寝かせられている乳飲み子イエスを探し当てます。

天使がイエスの生誕を告げたのが、王や王族ではなく、ユダヤ教の指導者でもなく、これまた当時、社会の底辺の職業であった「羊飼い」であったことにも注目しましょう。

神は、当時の社会の上層にいた王でも、宗教的権威者でもなく、このような人たちのためにキリストを遣《つか》わしたのです。だからこそ天使は、羊飼いの前に現れたのです。

神の使いである天使は、はっきりと、「あなたがたのために救い主がお生まれになった」と告げました。

† 悪魔の誘惑

荒れ野での断食後に、悪魔がささやきかけてくる

この世の栄華《えいが》や支配を求めるのは、「悪魔の領分《りょうぶん》」

イエスはたくましく育ち、知恵に満ちて背丈《せたけ》も伸び、神と人とに愛されました。そして30歳くらいのとき、ガリラヤ地方からヨルダン川のほとりまで行って、洗礼者《せんれいしゃ》ヨハネから洗礼を受けます。洗礼を受けた後、イエスは聖霊に導かれて、荒れ野にひとり、身を置きます。そして40日間の断食《だんじき》に入ります。

断食ののち、空腹にさいなまれるイエスに、「神の子なら、石がパンになるように命じたらどうだ」と、悪魔がささやきます。それに対してイエスは答えます。

「『人はパンだけで生きるものではない。神の口から出る一つ一つの言葉で生きる』と書いてある。」（マタイによる福音書4.4）

よくこれを、「人生の目的は、食べ物や物質的なものを求めるためだけでなく、精神的な修養《しゅうよう》のためにある」というように解釈《かいしゃく》する人がいますが、神学的にいうと違います。

昔イスラエルの民が、迫害されていたエジプトから脱出して荒野《こうや》をさまよっているとき、神が、飢《う》えて空腹にさいなまれる民たちのために、「マナ」と呼ばれる食べ物（白く、蜜を入れた薄焼きパンのような味がするもの）を天から降らせてくれた、という話が、旧約聖書の「出エジプト記」の16章に描かれています。

神の言葉に従ってさえいれば、全能の神は、食べ物を天から降らせてくれることもある。『神の口から出る一つ一つの言葉で生きる』というのは、神の言葉を信じていれば、おのずと生きられるようにしてくる、という意味なのです。

さて、話を戻しましょう。悪魔の最初の誘惑にイエスが打ち勝つと、悪魔はふたたび誘惑してきます。悪魔は、イエスを神殿の屋根の上に連れていき、その端《はし》に立たせます。

「神の子なら、飛び降りたらどうだ。『神があなたのために天使たちに命じると、あなたの足が石に打ち当たることのないように、天使たちは手であなたを支える』と書いてある。」

（マタイによる福音書4.6）

悪魔は、神の口から出る言葉がそんなに大事なら、ユダヤ教の教えに、飛び降りても大丈夫だと書いてあるんだから、試しに屋根から飛び降りてみたらどうだ、と言うのです。

しかしイエスは、悪魔に言います。

「『あなたの神である主を試してはならない』とも書いてある。」（マタイによる福音書4.7）

さらに悪魔は、非常に高い山の上に、イエスを連れて行きます。そして、世のすべての国々とその繁栄ぶりとを眺めさせて、「もし、ひれ伏《ふ》してわたしを拝《おが》むなら、これをみんな与えよう」と言います。

「退《しりぞ》け、サタン。『あなたの神である主を拝み、ただ主に仕《つか》えよ』と書いてある。」（マタイによる福音書4.10）

イエスがこう言うと、悪魔はようやく離れ去りました。

こうしてイエスは、悪魔の誘惑に3度とも打ち勝ちます。

これは、イエスだけの話ではなく、神を信仰するすべての人に対するこころ構え、警告と考えることができます。

食欲などの欲望に負けてはいけないこと。欲望は、信仰を妨《さまた》げる障害になります。

神を試そうとしてはいけないこと。なぜならそれは、神を疑い、神と取引をすることになります。

この世での栄華《えいが》や支配を目指してはならないこと。それらはいずれも、悪魔の領分です。「悪魔の国」で生きるのか、「神の国」で生きたいのか？　神の国を目指すなら、この世の栄華などにとらわれてはいけないのです。

† 12人の弟子 イエスの12人の弟子に、漁師が多かった理由

見放《みはな》された辺境《へんきょう》の地で暮らす、身分の低い漁師たち

悪魔の誘惑を退《しりぞ》けたイエスは、ガリラヤ地方に戻り、ガリラヤ湖畔《こはん》の町、カファルナウムを拠点に宣教《せんきょう》を開始します。

イエスは、のちに「使徒《しと》」と呼ばれる自分の弟子を、次々に勧誘《かんゆう》します。

最初の弟子は、ガリラヤ湖畔で漁をしていた、シモン（のちのペトロ）とアンデレという2人の漁師の兄弟でした。

「イエスは、『わたしについて来なさい。人間をとる漁師にしよう』と言われた。二人はすぐに網《あみ》を捨てて従った。」（マタイによる福音書**4**・19－20）

「人間をとる漁師」とは、信者を集めて教えを広めるものを指します。イエスはただ単に彼らに教えを授けるだけでなく、ゆくゆくは彼ら自身が、人を教える立場になることを示《し》唆《さ》しているのです。

さらに進んでいくと、ヤコブとヨハネという別の漁師の兄弟が、父親と一緒に漁をしていました。イエスが呼ぶと彼らもまた、船に父親をとり残したまま、付き従います。

最初の4人の弟子がすべて漁師だったのは、宣教を始めたのが、たまたまガリラヤ湖畔だったからなのでしょうか。

ここではイエスの宣教の開始が、ガリラヤ湖畔のカファルナウムという「辺境の地」であり、最初の弟子が4人とも、当時、「身分の低いもの」がつく仕事とされていた漁師だったという点に注目してほしいと思います。

ガリラヤ地方は、当時ローマ文化の影響を色濃く受けていました。ですから、ユダヤ人からは「異邦人《いほうじん》のガリラヤ」と呼ばれていました。見放された辺境の地で暮らす、身分の低い漁師たち。ガリラヤの漁師を勧誘したことは、弱者こそ救済されるべきである、というイエスの姿勢の表れです。

またイエスは、当時の人々から毛嫌《けぎら》いされ、差別されていた「徴税人《ちょうぜいにん》」の仕事についていた、マタイも弟子にします。徴税人とは、税金を取り立てる仕事をする人です。

そうした差別されている人を率先《そっせん》して弟子に迎え入れたことも、神の愛は誰にでも分けへだてなく注がれている、というイエスの姿勢を表していると言えるでしょう。

神から何かしらの使命を与えられることを「召命《しょうめい》」という

聖書では、イエスに声を掛けられた弟子たちは、みな一様《いちよう》に、すんなりと付き従っているように描かれていいます。弟子だって、それまでの生活、家族、仕事をすべて捨ててしまうのですから、相当の覚悟と葛藤があるはずです。それがほとんど見られないということはどういうことでしょうか。

神から誘われること、そして何かしらの使命《しめい》を与えられることを「召命」と言います。わたしたちが選択するのではなく、「神が呼びかける」のです。

わたしが私淑《ししゅく》している、チェコのプロテスタント神学者のヨゼフ・ルクル・フロマートカ（1889〜1969）は、「召命」についてこのように記しています。

「召命は個人的な呼びかけである。人間は自分の名が呼ばれているのを聞き、それがまさに自分に向けられていると自分で認識する。召命は神と人間との間の出来事である。神は自ら人間に語りかけ、相手の人間を個人的に名前で呼ぶ。」（『人間への途上《とじょう》にある福音』平野清美・訳、佐藤優・監訳《かんやく》、新教《しんきょう》出版社）

イエス・キリストが弟子を招いたのは、まさに「召命」です。その圧倒的な力に、そのほかの状況など考えることもできず、選ばれた者としての喜びと、神への畏怖《いふ》で、ただもう付き従うしかない。それは雷に打たれたような衝撃だったしょう。フロマートカは、こうも言っています。

「召命を受けた者は、いかなる制限も条件もつけずに主《しゅ》に献身《けんしん》する」（『人間への途上にある福音』）

山上《さんじょう》の説教《せっきょう》　多くの人々が感動した、イエスが山の上で語った真理

ユダヤ教の「常識」をことごとくくつがえした、山上の説教

カファルナウム周辺で弟子たちを召命したのち、イエスは数々の奇跡を行い、人々を驚かせます。ますますイエスの名は周囲に広がり、多くの人たちが集まってきました。

あるとき、イエスは山に登り、神の教えを説き始めました。

これが有名な「山上の説教」です。

イエスはまず「8つの幸《さいわ》い」について語り始めます。その内容は意外性に満ちていて、人々がそれまで聞いたことのないような、衝撃的な内容でした。たとえば、こうです。

「心の貧《まず》しい人々は、幸いである、天の国はその人たちのものである。」（マタイによる福音書5.3）

なぜ、「心の貧しい人」が幸いなのでしょう。

「心の貧しい人」とは、経済的困窮者《こんきゅうしゃ》ということではありません。「自分自身が無力で、神に頼るしかない」と自覚している人のことです。

当時、ユダヤ教の律法のことをくわしく知らない一般の人々は、ついつい律法を破ってしまって、ファリサイ派などの宗教的権威者から「お前のような者は、神の国に行く資格などない」と糾弾《きゅうだん》され、さげすまれていました。ですから、自分のことを「心が貧しい人間だ」と感じていたに違いありません。

ところがイエスは、自らの無力さをそうやって自覚する謙虚さを持っている人間こそ、幸せになれるのだ、と言うのです。

ファリサイ派や律法学者など、宗教的権威を持つ人ほど、自分はこれだけ律法を学び守ってきたのだから、神に認められるはずだと思っていたでしょう。ですが、これは傲慢《ごうまん》です。自分は神に選ばれる権利がある人間だと、うぬぼれているからです。

前にも述べましたが、「自力《じりき》」、つまり自分の力で神の意志をもコントロールできるというような考え方を、キリスト教では嫌います。

自分自身は無力で、もう、神（他力《たりき》）に頼るしか救いの道はない…。そういう謙虚な気持ち、すなわち「心の貧しさ」こそ、キリスト教徒は持つべきだということです。

「心の貧しい人々は、幸いである」に続いて、イエスは、以下の言葉を挙げていきます。


「悲しむ人々は、幸いである、その人たちは慰《なぐさ》められる。

柔和《にゅうわ》な人々は、幸いである、その人たちは地を受《う》け継《つ》ぐ。

義に飢《う》え渇《かわ》く人々は、幸いである、その人たちは満たされる。

憐《あわ》れみ深《ぶか》い人々は、幸いである、その人たちは憐れみを受ける。

心の清《きよ》い人々は、幸いである、その人たちは神を見る。

平和を実現する人々は、幸いである、その人たちは神の子と呼ばれる。

義のために迫害される人々は、幸いである、天《てん》の国《くに》はその人たちのものである。」（マタイによる福音書5・4-10）

「悲しむ人々」というのは、この苦しみからどうにか抜け出させてほしいと、謙虚に、神の救いを求めている人たちです。

「義に飢え渇く人」というのは、世の中の不正があると知っていて我慢するしかない人、「義のために迫害される人」というのは、正しいことをしているのに迫害されてしまう人のことです。この人たちも、現実の世界で苦しみ、救いを求めています。

こういう人たちこそ、神は慰めてくれるのです。

自信を失いかけているときや、逆境のとき、読み返したい言葉です。

あなたたちこそ「世《よ》の光《ひかり》」だ、というイエスに感動する人々

さらにイエスは、「地《ち》の塩《しお》、世の光」の教えを説き始めました。

「あなたがたは地の塩である。だが、塩に塩気《しおけ》がなくなれば、その塩は何によって塩味《しおあじ》が付けられよう。（中略）あなたがたは世の光である。（中略）あなたがたの光を人々の前に輝かしなさい。」（マタイによる福音書**5**:13-16）

「塩」も、「光」も、人間が生きていく上で必要不可欠なものです。

それにたとえて、イエスは、「あなたたちも、この世界にとって、必要不可欠な存在なのだよ」と説くのです。なぜなら目の前で、イエスを通して神の言葉を聞き、その偉大な意志に触れているからです。

そして、神の教えを聞いて「地の塩、世の光」となったあなたたちは、今度は世界中の人々にこの教えを伝え、広めていきなさい、とイエスは説きます。

このイエスの言葉もまた、当時の人々にとって、じつに革新的《かくしんてき》なことでした。

なぜならそれまで、神の教えや神の意志を伝えてよいのは、預言者か、聖職者など限られた者だけだと考えられていました。当時でいえば、ファリサイ派やサドカイ派、律法学者といった人たちです。

ところがイエスは、自分のことを「心が貧しい」人間だと思っていて、社会の底辺にいる救いようのない人間だと考えているそんな人々に、「教えを伝え、広めていきなさい」と言ったのです。

虐《しいた》げられてきたあなたたちこそが、主役なんだ。イエスの言葉からそれを感じ取り、集まった人々はたいへんな自信を持ったのではないでしょうか。

そしていまの世界を見てみれば、イエスの言葉がそのとおりになっていることがわかります。キリスト教徒の一人ひとりが、「地の塩、世の光」となって、いまも、その教えを広め続けているからです。

ユダヤ教の律法を否定するのではなく、より深い解釈《かいしゃく》で説明する

続けてイエスは、当時のユダヤ教の教えについて、説教し始めます。

イエスは、ユダヤ教を否定しているわけではありません。ただ、当時のファリサイ派や律法学者の人々が、ユダヤ教の「律法」や「預言書」の形式的な部分だけを取り上げて、神がほんとうに伝えたいことを誤解していることを嘆《なげ》いていました。

「わたしが来たのは律法や預言者を廃止するためだ、と思ってはならない。廃止するためではなく、完成するためである。はっきり言っておく。すべてのことが実現し、天地が消えうせるまで、律法の文字から一点一画《いってんいっかく》も消え去ることはない。」（マタイによる福音書**5**:17−18）

そこでイエスは、律法に書かれていることを解釈し直して、説教していきます。

イエスの説教は、「あなたがたも聞いているとおり」と言って、まず律法に書いてある言葉を抜き出し、「しかし、わたしは言っておく」と言って、新しい解釈を述べていく。そういうスタイルになっています。

「あなたがたも聞いているとおり、『姦淫《かんいん》するな』と命じられている。しかし、わたしは言っておく。みだらな思いで他人の妻を見る者はだれでも、既《すで》に心の中でその女を犯したのである。」（マタイによる福音書5・27－28）

「あなたがたも聞いているとおり、『目には目を、歯には歯を』と命じられている。しかし、わたしは言っておく。悪人に手向《てむ》かってはならない。だれかがあなたの右の頬《ほお》を打つなら、左の頬をも向けなさい。」（マタイによる福音書5・38－39）

「あなたがたも聞いているとおり、『隣人を愛し、敵を憎め』と命じられている。しかし、わたしは言っておく。敵を愛し、自分を迫害する者のために祈りなさい。」（マタイによる福音書5・43－44）

いずれも律法の言葉自体を否定するのではなく、その解釈を、深め、広げ、超えていくのです。

みだらな行為だけが罪なのではなく、みだらな気持ちを持つこと自体がすでに罪であること。やられた分をやり返すのではなく、敵さえも愛し、祈りを捧げるようにすべきだということ。

このようなイエスの新解釈に、それを聞いていた人々は、目からウロコが落ちるような思いがしたと思います。

「明日のことまで思い悩むな。明日のことは明日自《みずか》らが思い悩む」

イエスの言葉には、常識からすると、逆説《ぎゃくせつ》を言っているとしか思えないような言葉が、たくさんあります。「だれかがあなたの右の頬を打つなら、左の頬をも向けなさい」とか、「敵を愛し、自分を迫害する者のために祈りなさい」とか、われわれの常識からしても、驚くべき言葉でしょう。

ところが面白いのは、ぱっと聞いた瞬間は、逆説を言っているようにしか思えないのに、よくよく考えてみると、不思議に納得できてしまうところです。

「だから、言っておく。自分の命《いのち》のことで何を食べようか何を飲もうかと、また自分の体《からだ》のことで何を着ようかと思い悩むな。命は食べ物よりも大切であり、体は衣服よりも大切ではないか。」（マタイによる福音書6・25）

わたしたちは生活のなかで、健康でいるために、毎日食事をとります。同じように、風邪をひいたりしないようにと、服を着るはずです。

しかし、得てして本末転倒《ほんまつてんとう》になりがちです。あまりに食べ物を選《え》り好《この》みし過ぎて、グルメに走る。おしゃれな服、高級ブランドの服など、着飾ることばかり考える。

それは本来価値のないもののことを思いわずらう、ムダな行為だと言っているのです。

「だから、明日のことまで思い悩むな。明日のことは明日自《みずか》らが思い悩む。その日の苦労は、その日だけで十分である。」（マタイによる福音書6・34）

わたしたちは将来のことを考えて、いろいろ悩んだり、心配したりします。しかしそれも余計なことだというのです。神の意志にそって生きていれば、与えられるべきものはちゃんと与えられる。鳥は、種まきも刈《か》り入《い》れもしないのに、ちゃんと食べていけているではないか、と。だから心配するな、というのです。

このように「山上の説教」を読むと、ユダヤ教の律法主義的な世界観のみならず、わたしたちが持っている日常的な常識さえも、ひっくり返されるのです。

弱者を慰める　差別されている人、病人、罪人を、積極的に助ける

「徴税人や娼婦《しょうふ》たちの方が、あなたたちより先に神の国に入るだろう」

イエスは、差別されている人、罪を犯した人など、社会的な弱者に寄りそいました。

当時このような人たちは、「自分は、こころが貧しいし、ユダヤ教の教えも守れないし、神に救われることなどあるわけがない」と考えていました。しかしイエスは、「神は、そのような謙虚なこころの持ち主こそ、救ってくださるのだ」と言いました。

一方、ユダヤ教のファリサイ派や律法学者は、「自分たちこそ、神に選ばれたエリートである」と自負していました。ユダヤ教の律法などを、よく研究し、守っていたからです。そんなユダヤ教のエリートたちに向かって、あるとき、イエスはこう言います。

「はっきり言っておく。徴税人や娼婦たちの方が、あなたたちより先に神の国に入るだろう。なぜなら、ヨハネが来て義《ぎ》の道《みち》を示したのに、あなたたちは彼を信ぜず、徴税人や娼婦たちは信じたからだ。」（マタイによる福音書21：31－32）

差別されたり、罪を犯してしまったりした人たちは、わらをもすがる思いで神の救いを求めます。ですから、「洗礼者ヨハネ」が現れたときも、すぐに彼を信じたのです。

洗礼者ヨハネとは、イエス・キリストが誕生する少し前に生まれた預言者であり、イエスの先駆者《せんくしゃ》として、その道を整える使命がありました。実際にイエスは、このヨハネからヨルダン川のほとりで洗礼を受けて、宣教活動を始めています。洗礼者ヨハネは、イエスと同じように「メシアが出現した」と人々に称《しょう》されたほどの人物でしたが、当時ユダヤの王だったヘロデ・アンティパスに捕らえられ、処刑されてしまいました。

民衆から信仰された洗礼者ヨハネですが、「神のことは、自分たちが一番よく知っている」とうぬぼれるユダヤ教のエリートたちは、その傲慢なこころから、ヨハネを信じようとしませんでした。

「自分は神に選ばれたエリートだ」とうぬぼれる権威者を批判する

ある日、イエスが民衆に教えを説いているとき、ユダヤ教の祭司長や律法学者がやってきます。なんの権威があって説教をしているのか、とイエスに詰《つ》め寄《よ》るためでした。

このときイエスは、民衆に向かって「ぶどう園と農夫《のうふ》」という、たとえ話を始めます（ルカによる福音書20・9-19)。

ある主人がぶどう園をつくり、これを農夫たちに貸しました。そして主人は、長い旅に出ました。ぶどうの収穫の時期になると、主人は旅先から僕《しもべ》を使いに出して、農夫たちに収穫を納めるように伝えます。

ところが農夫たちは、この僕を袋だたきにして、何も持たせないで追い返してしまいます。仕方ないので、ほかの僕を送りますが、次々に袋だたきにされてしまいます。

困った主人は、「わたしの愛する息子を送ってみよう。この子ならたぶん敬《うやま》ってくれるだろう」と考えて、その息子を使いに出すことにしました。

しかし農夫たちは、「主人の跡取《あとと》り息子を殺してしまえば、相続財産《そうぞくざいさん》は自分たちのものになる」と考えて、この息子を殺してしまいました。

ここまで話を聞いていた民衆に向かって、イエスはこう言います。

「さて、ぶどう園の主人は農夫たちをどうするだろうか。戻って来て、この農夫たちを殺し、ぶどう園をほかの人たちに与えるにちがいない。」(ルカによる福音書20・15-16)

この話は、何をたとえているのでしょうか。

「農園」とは、「わたしたちが生きている人間の世界」です。

「農園の主人」は、「神」です。

「農園をまかされた農夫たち」は、「ファリサイ派など宗教的な特権階級の人たち」。

「使いに出された僕《しもべ》」は、「ヨハネなどの預言者たち」。

そして「最後に使いに出された息子」が、「神の子イエス・キリスト」です。

イエスはこのたとえ話をもちいて、宗教的な特権階級である人たちを、「神のつくった園を横取りしようとする盗人である」と批判しているのです。

神の威光《いこう》を笠《かさ》に着て、人間の世界で偉そうにしているけれど、その内実《ないじつ》は、盗人にすぎない。神の国からもっとも離れてしまったのが、あなたたちファリサイ派やサドカイ派なのですよ、と、イエスは批判しているのです。

この話を聞いた祭司長と律法学者は、あてつけにこの話をされたことに気づいて、イエスを敵視《てきし》しました。

自分の情けなさを思い、謙虚になっている人が、天国では一番偉い

イエスは、こうも言っています。

「はっきり言っておく。心を入れ替えて子供のようにならなければ、決して天の国に入る

ことはできない。自分を低くして、この子供のようになる人が、天の国でいちばん偉いのだ。」（マタイによる福音書18・3-4）

差別されている人、罪を犯してしまった人、病人、娼婦など、自分の情けなさを思い、謙虚になっている人、すなわち「自分を低くして、子供のようになる」人たちほど、天国では、一番偉い人なのだと言います。祭司長や律法学者のような「盗人」が偉そうにのさばっているこの世の中で、差別され不遇《ふぐう》をかこっている人たちこそ、じつはもっとも神に近い人たちなのだと。

人間の世界で「もっとも力が強く、権威とされている者」は、神の国では「もっとも卑《ひ》劣《れっ》で醜《みにく》く、悪に満ちている者」。神の国で「もっとも偉いとされている者」は、人間の世界では「もっとも弱く、頼りない者」。

神の国と人間の世界とは、「プラスとマイナス」のような関係なのかもしれません。

† 奇跡の数々

パンを増やし、嵐を止め、湖上を歩き、死者を蘇《よみがえ》らせる

5つのパンを、5000人を超える群衆《ぐんしゅう》に分け与え、お腹を満たす

イエスは、その宣教活動のなかで、たくさんの奇跡を行っています。

イエスはその奇跡によって、おびただしい数の病人を治します。てんかん、中風《ちゅうぶ》、皮膚病、目の見えない人、口が利けない人など、難病や障がいをことごとく癒しました。

奇跡の数々を目の当たりにした人が噂を広め、あらゆる地域から、あらゆる人々が集まってきました。イエスに助けてもらいたい人、イエスを一目《ひとめ》見たい人、イエスの教えを聞きたい人、そして付き従いたい人たちが、イエスの周りにあふれたのです。

あるとき、イエスの周りに5000人を超える群衆が集まり、群衆に与える食べ物に弟子たちが困っていると、たった5つのパンと2匹の魚を手にとって感謝の祈りを唱えます。それからそれを分け与え始めると、なんと全員分のお腹を満たしてしまいます（マタイによる福音書14・19－20）。

自然現象をコントロールする奇跡も行いました。

あるときイエスと弟子たちが、舟でガリラヤ湖を渡ろうとすると、激しい嵐が起こり、舟が波にのまれそうになります。「助けてください。おぼれそうです」と怖がる弟子たち

でしたが、イエスが、風と湖とを叱りつけると、すっかり凪《なぎ》になってしまいます（マタイによる福音書8・26）。

またあるとき弟子たちは、湖の向こう岸にいるイエスが、こちら岸に戻ってくるのを待っていましたが、夜になってもイエスが戻ってきません。

すると夜が明けるころ、イエスがなんと湖の上を歩いて、こちら岸に戻ってきたのです。弟子たちは思わず「幽霊だ」と叫び声をあげました。

イエスは弟子たちに安心するように言って、今度は、弟子のペトロが水の上を歩けるようにしました。ペトロは、言われるままに水の上をイエスのほうへ向かって歩いていきますが、途中怖くなり沈みかけます。イエスは「信仰の薄い者よ、なぜ疑ったのか」と、手を伸ばしてペトロを助けました（マタイによる福音書14・31）。

墓に入った死者ラザロが、布でまかれたまま、墓から出てくる

また、イエスは死者を復活させるという究極の奇跡を行っています。

よく知られているのは、イエスの知人であるラザロの蘇《よみがえ》り、「ラザロの復活」です。

イエスはラザロが重病と聞き、かけつけたのですが、すでに亡くなり、墓に葬られて4

日もたっていました。

誰もが無理だと思う場面で、イエスが、ラザロの姉マルタに、「わたしを信じる者はだれも、決して死ぬことはない。このことを信じるか」と問います。

マルタは「あなたが世に来られるはずの神の子、メシアであるとわたしは信じております」と答えました（ヨハネによる福音書11・27）。

その後、イエスは墓の前に立ち「ラザロ、出て来なさい」と大声で叫びます。すると、手と足を布で巻かれたままのラザロが、墓から出てきたのです（ヨハネによる福音書11・44）。

このようなイエスの奇跡の数々は、神に不可能なことはなく、神を信じる者は必ず救われるのだということを、人々に知らしめました。

多くの人々はその力に恐れおののきつつも、畏敬《いけい》の念を持ってイエスを信じ、付き従ったのです。

† 権威者の嫉妬

ユダヤ教の権威者に嫉妬され、反逆罪《はんぎゃくざい》の犯人にされる

真面目に律法を守ってきたユダヤ教指導者のイエスへの憎しみ

ユダヤ教の指導的立場にあったファリサイ派の人たちは、イエスが現れる前は、むしろ良識的《りょうしきてき》で真面目な信者だと考えられていました。律法をひたすら守るという意味において、ユダヤ教徒の模範的《もはんてき》な姿だと、人々に認められていました。

たしかに彼らは特権意識を持ち、ユダヤ教の掟を守らない人たちを見下していた部分もあります。しかし真剣に神を信じ、律法を真面目に守っていた人たちでもあります。

そこに、イエスが登場し、自分たちのことを批判してくるわけです。

まったく畑の違う分野の人たちに否定されるのであれば、「もともと考え方が違うからだ」と思えたでしょうが、イエスは、自分たちと同じようにユダヤ教の律法をよく知る者でした。そのような人から批判されれば、強い反発と憎しみが起こります。

自分と似たような人を、憎んだり嫌ったりすることを「近親憎悪《きんしんぞうお》」と言いますが、ファ

リサイ派などのユダヤ教徒と、イエスの関係には、そのような部分があったでしょう。

また、ユダヤ教の権威者からすれば、嫉妬もあったでしょう。

数々の奇跡を起こしたイエスは、登場するやいなや、一大センセーションを巻き起こします。多くの民衆が集まり、彼こそが救世主だともてはやされる。ポッと出てきた田舎《いなか》の一青年が、まるで人気アイドルのように、急に熱狂的な支持を集め始めたのです。

真面目にコツコツと律法を守ってきたユダヤ教の指導者たちからしたら、忌々《いまいま》しい存在にほかなりません。

さらには、信じてきたものが否定されることの恐れもあったと思います。実際、イエスの教えは、それまでのユダヤ教の価値観をひっくり返すような、過激なものでした。イエスを論破《ろんぱ》しようと、ユダヤ教の律法学者たちが次々に挑みますが、ことごとく返《かえ》り討《う》ちにあってしまいます。

イエスの教えが広まれば、自分たちの立場が危うくなる――。

そんな恐れや不安、そして憎しみや嫉妬がないまぜになって、本来は真面目なファリサイ派の人たちを、怒りの権化《ごんげ》のように変えていきます。

いつの時代も、権威者ににらまれたら、つぶされる

その怒りから、ユダヤ教の権威者たちは、イエスを殺すことをもくろみ始めます。「イエスはユダヤの王を名乗り、ローマへの反乱を企《くわだ》てている。死刑にすべきだ」。一部のユダヤ教徒は、こういう理屈で、イエスをこの世から消し去ろうとし始めます。多くの民衆を扇動《せんどう》し、社会を大きく変えようとしているイエスの行動は、国への反逆罪《はんぎゃくざい》であると主張し始めるのです。

いまの世の中でも、国家権力に反逆し、それをくつがえそうとする者は、「国家反逆罪」や「内乱罪《ないらんざい》」といって、とても重い罪として罰せられ、死刑に処せられることもあります。

仮にもし、いまの時代にイエスのような存在が出現したとしたら、残念ながら同じようなことになる可能性が高いでしょう。むしろ現代社会のほうが、法的《ほうてき》な整合性《せいごうせい》のもとで、より緻密《ちみつ》に、より冷徹《れいてつ》に、そのような反逆者を裁くシステムになっています。

いつの時代も「権威者」の側は、それに対抗する人物や勢力を、容赦《ようしゃ》しません。徹底的につぶしにかかります。逆に言うならば、権威というのはそれほどに、自らを脅《おびや》かす存在には敏感で、内心、とてもびくびくしているということです。

† エルサレムへ　処刑されると知りながら、あえてエルサレムへ向かう

自分が殺される恐怖より、「神の定めが成就《じょうじゅ》する」ほうが大切

奇跡や癒しを行い、それまでの常識を超えた教えを説くイエスは、多くの民衆の支持を集めていきます。

あるとき、イエスは弟子たちを前にして、「人々は、わたしを何者だと言っているのか？」と聞きます。弟子たちは「洗礼者ヨハネだと言う人もいれば、預言者エリヤだと言う人もいます」と答えました。するとイエスは、「それでは、あなたたちは、わたしを何者だと思うのか？」と尋ねます。

ペトロが、答えます。

「あなたはメシア、生ける神の子です」（マタイによる福音書16：16）

イエスは喜び、決して自分がメシア（救世主）であることを誰にも話さないように、弟子たちに命じました。弟子たちが、イエスこそ救世主その人であることを、共通認識《きょうつうにんしき》とし

て持った瞬間でした。

ここからイエスの行動は、次の段階に移ります。それが「エルサレム入城《にゅうじょう》」です。

エルサレムは神殿が築かれ、ユダヤ教の中心地でした。神殿はもともと、ダビデ王を継《つ》いだソロモン王が建設しましたが、その後、バビロニア王国による破壊に遭い、再建されました。当時のヘロデ王のときのエルサレムは、ソロモン王時代の2倍の大きさで、大いに栄えていました。

エルサレムに向かう前、イエスは弟子たちに、「自分がエルサレムに行くと、長老、祭司長、律法学者から苦しみを受けて殺され、3日目に復活することになっている」と打ち明けます。

驚いたのは弟子たちです。なぜそれを知っていて、わざわざそんなに危険なエルサレムに行かなければならないのか。敵対する者たちからしたら、まさにカモがネギを背負ってやってくるようなものです。

ペトロは、「とんでもないことです。そんなことがあってはなりません」といさめるように言います。すると、イエスは激しく叱責《しっせき》します。

「サタン、引き下がれ。あなたはわたしの邪魔をする者。神のことを思わず、人間のこと

を思っている。」（マタイによる福音書16・23）

エルサレムでこれからイエスの身に起こる受難《じゅなん》は、神の意志によって定められたもの。だから、必ず成就《じょうじゅ》されなければならない。

イエスの身を案じたがゆえのペトロの言葉を、「サタン、引き下がれ」とまで言ったのは、イエスにとってそれほどに、神の定めが成就することが大切だったということです。

天国にいる昔の預言者と語り合った後、自らの運命を予告する

この話をした後、イエスは、ペトロとヤコブ、ヨハネだけを連れて高い山に登ります。すると山頂で、イエスの姿が彼らの目の前で変わり、顔は太陽のように輝き、服は光のように白くなったのです。

すると、預言者モーセと預言者エリヤが現れて、イエスと何か語り合っていました。おそらく、これから起こるイエスの受難に関してのことだったのではないでしょうか。さらに「これはわたしの愛する子、わたしの心に適《かな》う者。これに聞け」という声が、光り輝く雲のなかから聞こえてきます（マタイによる福音書17・5）。弟子たちは、これを聞いてひれ伏し、恐れおののきます。

そしていよいよエルサレムに向かっていく途中でも、イエスは弟子を呼び集めて、こう言います。

「今、わたしたちはエルサレムに上《のぼ》って行く。人の子は、祭司長たちや律法学者たちに引き渡される。彼らは死刑を宣告《せんこく》して、異邦人《いほうじん》に引き渡す。人の子を侮辱《ぶじょく》し、鞭打《むちう》ち、十字架につけるためである。そして、人の子は三日目に復活する。」(マタイによる福音書20:18-19)

救世主としての役目を成就するため、イエスの一行は、エルサレムに入城します。

✝ユダの裏切り イエスを裏切った、ほんとうの目的はなんだったのか

イエスを憎むユダヤ教指導者に、銀貨30枚で引き渡しを約束

エルサレムでは、イエスを捕らえ、裁こうとするファリサイ派やサドカイ派などが、虎《こ》視眈々《したんたん》とその機会を狙っていました。しかし、民衆がいる前では、彼らの反発を食らう恐れがあり、なかなか手が出せません。

そんななか、飛んで火にいる夏の虫だったのが、イエスの弟子の一人、ユダです。彼は、祭司長たちのところに行き、イエスを引き渡すかわりに銀貨30枚をもらうことを約束しました。

キリスト教徒でなくても、「裏切り者のユダ」として、その名前を知っている人は多いのではないでしょうか。

過越《すぎこし》の日（ユダヤ教の宗教的記念日）になると、イエスは、12人の弟子と一緒に晩餐《ばんさん》をとることにしました。これが、レオナルド・ダ・ビンチの絵画でも知られる「最後の晩餐」です。

しかし、そんな晩餐をしているとき、イエスは言います。

「はっきり言っておくが、あなたがたのうちの一人がわたしを裏切ろうとしている。」（マタイによる福音書26・21）

弟子たちは驚いて、「まさかわたしのことでは」と代わるがわるに言い始めます。弟子たちはイエスが語る自身の受難のことを聞かされていましたが、まさかそのきっかけになるのが自分たち弟子のうちの誰かかもしれない、ということに、こころを痛めました。

しかしそれ以上、犯人探しをすることはしません。イエスはパンをとり、祈りを唱えると、「これはわたしの体である」と言って、弟子たちに分け与えました。また、ぶどう酒の入った杯をとると、また祈りを唱えます。

「これは、罪が赦《ゆる》されるように、多くの人のために流されるわたしの血、契約《けいやく》の血である。」

（マタイによる福音書26・28）

そう言って、弟子たちに飲むように言いました。自分の犠牲によって人間の罪があがなわれるのだからその血をムダにするな、弟子のあなたたちにはその教えを広める責任がある、そういう意味だったのでしょう。

最後の晩餐が終わった後、イエスは弟子たちと一緒に、オリーブ山のふもとにある「ゲツセマネの園《その》」というところへ行くと、ひとりになって、祈りを始めます。

祈りが終わってイエスが弟子たちに話しかけているとき、裏切り者のユダに導かれて、祭司長や、剣や棒を持った民衆たちが大勢やってきます。

そしてイエスは、捕らわれの身となりました。

ユダは、急進的《きゅうしんてき》な革命家？　イエスの力で世の中を変えたい

それにしても、なぜユダは裏切ったのでしょうか？

ユダという人物は、金に汚かったという説があります。

エルサレムから少し離れたベタニアの地で食事をしているとき、イエスはある女性から香油《こうゆ》を注がれます。当時、香油を注がれるのは、最高のもてなしでした。前にもお話ししたとおり、メシアは「油を注がれた者」という意味があり、古来、イスラエルの王になされる儀式でした。

ところがこの香油が、当時はたいへんに高価なものでした。イエスに注がれたこの香油は、1リトラ（約326グラム）で300デナリオン。1デナリオンは、労働者の1日分の賃金でしたから、1リトラは労働者の1年分の給料と同じくらいということになります。

ヨハネによる福音書によれば、弟子のユダは、「なぜ売って、貧しい人々に施《ほどこ》さなかったのか」と責めますが、イエスは答えます。

「この人のするままにさせておきなさい。わたしの葬《ほうむ》りの日のために、それを取って置いたのだから。貧しい人々はいつもあなたがたと一緒にいるが、わたしはいつも一緒にいるわけではない。」（ヨハネによる福音書12・7-8）

しかしこのやりとりで、ユダはイエスに対して反発を感じていることがわかります。そして、この香油のことが、裏切りの決定的な契機《けいき》になったと考える人もいます。

ユダは、急進的で過激な革命家の側面を持っていたという説もあります。
救世主イエスを敵に渡し、窮地《きゅうち》に追い込めば、世の中はもっと激しく反応し、社会が大きく変わるかもしれない。数々のイエスの奇跡を見てきたユダは、もし捕まっても、奇跡を起こしてそれを脱出すれば、人々の支持はますます強固《きょうこ》になるだろうとふんでいたのかもしれません。

マタイによる福音書によると、ユダはイエスに有罪判決《ゆうざいはんけつ》が下ったことを知って後悔し、銀貨30枚を祭司長や長老たちに返そうとしたが断られ、神殿に銀貨を投げ込んで立ち去り、首を吊《つ》って死んだ、ということになっています。

結果的にですが、ユダが裏切ることによって、イエスは裁かれ、十字架刑になり、そのことで「人間の罪をあがなう」という神の意志は達成されます。そうすると、ユダの裏切り行為も、何か神の意志があったのではないか、と考えられなくもありません。

† 十字架での処刑

イエスの十字架の死で、人間の罪はあがなわれた

十字架刑の直後、神殿の垂《た》れ幕《まく》が裂け、地震が起こり、岩が裂ける

イエスは、紀元30年ごろ、エルサレムのゴルゴタの丘で十字架刑に処されました。罪名は、帝政ローマに対する反逆罪です。

十字架刑というのは、とても残酷な死刑です。十字架に、手足を釘《くぎ》づけにされて吊るされると、自然と体は下に下がってきます。呼吸するために横隔膜《おうかくまく》を伸縮《しんしゅく》させるには、体を上へ持ち上げなければなりません。何度も体を持ち上げ息をしますが、徐々に手足の力だけで体を持ち上げることができなくなり、呼吸困難へと陥り、ついに絶命《ぜつめい》するのです。窒《ちっ》息死《そくし》なので、絶命までは何時間もかかります。ひどい場合には数日かかることさえあったようです。

イエスは、午前9時に十字架に上げられ、午後3時に息を引き取りました。

そのとき、神殿の垂れ幕が真っ二つに裂け、地震が起こり、岩が裂けました。

それを見て、ローマ兵の隊長や見張りをしていた人は、「本当に、この人は神の子だった」と言いました（マタイによる福音書27：54）。

イエスの犠牲を、一種の身代金《みのしろきん》だと考える人たちもいます。人間の世界に悪がはびこる

のは、人間が悪魔に人質《ひとじち》として捕らえられているからであり、悪魔から人間たちを解放するために、イエス・キリストが身代金代わりに捧《ささ》げられた、という考え方です。

悪魔に捧げられたイエスが3日後に復活したというのは、捕らわれていたイエス・キリストが悪魔に勝利した、ということになります。

ただし、身代金としてとらえるのは、イエス・キリストの受難が、あまりにも矮小化《わいしょう》されてしまうと思います。それはただの供《そな》え物《もの》ではありません。神でもあり人間でもあるイエス・キリストが十字架にはりつけられたのには、もっと深い意味があるはずです。

イタリアの神学者・哲学者の、トマス・アクィナス（1225ごろ～1274）は、「キリストの死は、大いなる愛に基《もと》づくものだ」としています。

神の子でもあるイエスには、もともと原罪はありません。ですから刑によって死ななければいけない理由などないのです。

しかし、あえて受刑《じゅけい》の道を選択します。自らには罪がないのに、人間たちの罪を背負ったのです。そこにはイエスの、人間に対する大いなる愛があるというのです。

神は、ひとり子であるイエスを見捨てることによって人間を救った

神は、罪深い人間を見捨てようとしているわけではありません。むしろ、できる限り多くの人間たちを救いたいと望んでいるのですが、罪深く不完全な人間は、それに気づくことができません。

逆に人間は、ときに神を煙《けむ》たがり、そこから逃れようとします。ちょうど、親は子どもを無条件に愛しているのに、子どもは親をひたすら面倒《めんどう》くさいと感じ、反抗するのに似ています。だからといって親は、子どもを憎んだりはしません。

イエスは、神と人間との、和解《わかい》の道を探りました。

前述した、チェコの神学者、ヨゼフ・ルクル・フロマートカは、こう書いています。

「イエスの愛は無限である。ゴルゴタへの道と、『わが神、わが神、どうしてわたしをお見捨てになったのですか』（マタイ福音書27章46節）という彼の叫びは、イエスの和解の行為の、自由な意志による自発《じはつ》的《てき》な結末《けつまつ》だが、避けられない結末だった。イエスは罪人自身が歩むべき道を引き受けて歩いた」（『人間への途上にある福音』）

ゴルゴタの丘で十字架にかけられたイエスが、神に向かって「どうしてわたしをお見捨てになったのですか」と叫ぶのは、そのときイエスはもう神の子ではなく、「人《ひと》の子《こ》」、ただの人間になっていたということです。ですからイエスは、あくまでも「人間として」処刑されることを選び、その絶望や恐怖、苦痛を「人間として」味わうのです。

そして神は、ひとり子であるイエスを見捨てることによって、人間を救ったのです。

新約聖書には、ユダの裏切りにより祭司長たちに捕らえられることを予感して、そして自分が刑死することを目前にして、イエス・キリストが、ゲツセマネの園で激しく動揺《どうよう》する場面があります。


「わたしは死ぬばかりに悲しい。ここを離れず、わたしと共に目を覚ましていなさい。」（マタイによる福音書26:38）

「父よ、できることなら、この杯《さかずき》をわたしから過ぎ去らせてください。しかし、わたしの願いどおりではなく、御心《みこころ》のままに。」（マタイによる福音書26:39）

かなり前から、捕らえられて殺されること、そしてその3日後に復活することを予告しているはずのイエスが、なぜわざわざ、これほどに動揺し、怖がり、「過ぎ去らせてください」と必死に願ったりするのか。この行動を、不思議に思う人もいるかもしれません。

イエスはこのときすでに、受刑の瞬間には「神に見放《みはな》された存在」、つまり「ただの人間」となることを知っていたのです。

ただの人間となり、奇跡を行うこともできず、激しい苦痛を味わう。そして多くの人たちから、「やはり神ではなかった」「だまされた」と怒りや侮辱を浴びせられる。これらのことをあらかじめ知っていたのです。

ルカによる福音書では、ゲッセマネの園(ルカ伝では「オリーブ山での祈り」)の場面で、祈りを唱《とな》えるイエスから「汗が血の滴《したた》るように地面に落ちた」と書かれています。それほど動揺し、怖かったのです。

それでもイエスは、自ら言い訳をしたり、追《お》っ手《て》から逃れようとしたりすることなく、十字架に向かいます。

罪のないイエスが、罪深い人間の代表として、その罪を背負ってくれた

神の子であるはずのイエスが、「ただの人間」として苦しみもだえてあっけなく刑死し、多くの人々は「神ではなかった」と怒り、さげすみました。

しかし、この出来事こそが、じつは、神の意志が完成することにつながっているのです。

もし処刑のとき、イエスがそこで奇跡を起こし、自分を殺そうとたくらんだ者たちをゴルゴタの丘で打ち倒したら、神の栄光を讃《たた》えて、イエスの周りにはますます多くの人たちが集まったでしょう。

しかしそれでは、「人間の罪をあがなう」という目的は、実現しません。神の子であるイエスが、そのときは、「ただの人間」イエスとして刑を受け、さげすまれ、罵倒《ばとう》され、苦しみながら死ぬことで、人間の罪をあがなうという目的が達せられるのです。

イエスの死は、英雄物語のような死ではありませんでした。見ていた人たちは、奇跡を期待したかもしれませんが、それも起きなかった。罪人とともにはりつけにされ、「神の子ならば自分自身を救ってみろ」と嘲笑《ちょうしょう》されながら、みじめに命がとだえたのです。その死にざまは、まるで、人間の僕《しもべ》のようでありました。

「いちばん上になりたい者は、皆《みな》の僕《しもべ》になりなさい。人の子が、仕《つか》えられるためではなく仕えるために、また、多くの人の身代金として自分の命を献《ささ》げるために来たのと同じように。」（マタイによる福音書**20**・27－28）

フロマートカは、イエスの受難の物語を、神話のようにとらえてはいけないと言います。「もう一度言うが、これはシンボルや神話の話ではない。これは、イエスが苦しみ、十字架にかけられたという事実の中の事実の話なのである。（中略）神の側《がわ》からは、人間を神のもとへ戻らせ和解《わかい》させるために一切《いっさい》が為《な》された。人間の側からは取り除《のぞ》くことのできない罪《つみ》と罪責《ざいせき》が、道から取り除かれた。人間が神に対する不信《ふしん》と敵意《てきい》を強める可能性のあるものすべてが排除《はいじょ》されたのである」（『人間への途上にある福音』）

イエスが一人の人間として、激しい苦痛や屈辱《くつじょく》を味わう、その生々《なまなま》しさこそが、人間の罪を取り除くことにつながった、というのです。

神は、罪無きイエスに人間の罪を転嫁《てんか》し、キリストを罪深い人間の代表として、十字架の上に処罰《しょばつ》しました。

そしてこれを、「罪を悔《く》い改《あらた》めるすべての人間」への処罰と見なし、人間の罪を赦《ゆる》してくれました。

これによって、神と人間の間にある道は、再び開かれた、ということです。

あとは、神の御心《みこころ》に従うのか、それとも拒否するのか、わたしたち一人ひとりの選択と、行動が迫《せま》られるということです。

† 復活と弟子の伝道

復活を見た弟子たちは、世界に教えを広める

イエスをいらだたせる、情けなくも憎めない弟子たち

イエスには、12人の弟子がいました。ペトロ（本名シモン）を筆頭《ひっとう》に、アンデレ、ゼベダイの子ヤコブ、ヨハネ、フィリポ（ピリポ）、バルトロマイ（ナタニエル）、トマス、マタイ、アルファイの子ヤコブ、タダイ、熱心党《ねっしんとう》のシモン、イスカリオテのユダです。

イエスによって選ばれた弟子たちですが、これがなかなかのクセモノぞろい。もともとの職業も、漁師や徴税人などさまざまでした。

聖書には、そんな弟子たちにイエスがいらだつ場面がいくつも描かれています。しかし親が、やんちゃな子どもたちを叱りつけているようで、どこか、なごみます。

たとえば、イエスの一行がガリラヤ湖を舟で渡ろうとすると、突然、嵐に見舞われます。弟子たちは恐れをなして、「主よ、助けてください。おぼれそうです」と叫びます。イエスは、弟子たちに「なぜ怖がるのか。信仰の薄《うす》い者たちよ」と叱りつけます。すると、嵐

を沈めてしまいました（マタイによる福音書8・26）。

またあるとき、悪霊《あくれい》にとりつかれた子どもの親がやって来て、悪霊ばらいを弟子に頼みました。しかし弟子には、悪霊ばらいをすることができません。するとイエスは、「なんと信仰のない、よこしまな時代なのか。いつまでわたしは、あなたがたと共にいて、あなたがたに我慢《がまん》しなければならないのか」と、その情けなさを叱りつけます（ルカによる福音書9・41）。

さらにあるとき、民衆が、自分の子どもたちを連れてやってきました。救世主イエスに、自分の子どもに触れてもらおうとやってきたのです。ところが弟子たちは、この親たちを追い払おうとします。すると、イエスは憤《いきどお》り、弟子たちを叱りつけます。「子供たちをわたしのところに来させなさい。妨げてはならない。神の国はこのような者たちのものである」（マルコによる福音書10・14）。

こういうエピソードもあります。

ゲッセマネの園でイエスが捕らえられる直前、ペトロは、たとえみんなが怖くなって逃げ出したとしても、わたしだけは決して逃げません、と誓《ちか》います。ところがイエスは、「はっきり言っておく。あなたは今夜、鶏《にわとり》が鳴く前に、三度わたしのことを知らないと言うだろう」とペトロに言います（マタイによる福音書26・34）。

それからイエスが剣や棒を持った群衆に捕らえられると、怖くなった弟子たちはみんな、イエスを見捨てて逃げてしまいます。

しかしペトロは、イエスが捕らえられ連れて行かれた屋敷にそっと忍び込み、こっそり様子をうかがっていました。すると屋敷の女中《じょちゅう》に、「イエスと一緒にいた人だ」と声をかけられます。とっさにペトロは「そんな人、知らない！」と言って、屋敷の門のほうへと移動します。すると、別の女中が、「イエスといた人だ」と言います。ペトロはまた「知らない！」と言います。さらに、別の人々が近寄ってきて、「たしかにイエスの仲間だ」と言いますと、ペトロはやはり「知らない！」と言います。

すると突然、鶏が鳴きます。ペトロは「鶏が鳴く前に、あなたは三度わたしを知らないと言うだろう」というイエスの言葉を思い出し、激しく泣きました（マタイによる福音書26・75）。

あれだけ逃げないと誓ったのに、すっかり怖くなって、逃げ回った自分が情けなかったからです。

イエスの復活を目の前にした弟子たちは、行動が変わる

十字架で絶命したイエスの遺体《いたい》は、墓に葬《ほうむ》られました。

「マタイによる福音書」によれば、イエスの女性信者が3日後に墓を見に行くと、その遺体がなくなっています。女性信者は驚いて、すぐに弟子たちに知らせようと走りだすと、復活したイエスが目の前に立っています。そして「兄弟たちにガリラヤへ行くように言いなさい。そこでわたしに会うことになる」（マタイによる福音書28・10）と言います。

弟子たちがガリラヤの山の上に行くと、約束どおり、復活したイエスが現れました。弟子たちは、ひれ伏しました。

「あなたがたは行って、すべての民《たみ》をわたしの弟子にしなさい。彼らに父と子と聖霊の名によって洗礼を授《さず》け、あなたがたに命じておいたことをすべて守るように教えなさい。わたしは世の終わりまで、いつもあなたがたと共にいる。」（マタイによる福音書28・19－20）

「ルカによる福音書」の24章には、復活して、弟子たちに言葉を伝え終えたイエスは、その後、天に上げられていったと書かれています。

イエスの生前は情けないばかりの弟子たちでしたが、イエスの復活を目の前にして、こころが入《い》れ替《か》わりました。

弟子たちに聖霊が降りてくると、世界中の言語《げんご》が話せるようになる

弟子たちは、裏切り者のユダの代わりに、「マティア」という弟子を新メンバーに加えて、再び、12人となりました。

五旬祭《ごじゅんさい》の日（ユダヤ教の宗教的記念日）に、12人の弟子たちは、一同《いちどう》が一つになって集まっていました。

「突然、激しい風が吹いて来るような音が天から聞こえ、彼らが座っていた家中《いえじゅう》に響いた。そして、炎《ほのお》のような舌《した》が分かれ分かれに現れ、一人一人の上にとどまった。」（使徒言行録**2**.2-3）

激しい風が吹いてくるような音とともに、「聖霊《せいれい》」がやって来ます。炎のような舌とは、〈言葉〉を意味します。それらが、一人ひとりに降りたのです。

「すると、一同は聖霊に満たされ、〃霊〃が語らせるままに、ほかの国々の言葉で話しだした。」（使徒言行録**2**.4）

弟子たちは、知らないはずの異国《いこく》の言語で語り出すのです。当時の国々、パルティア、メディア、エラム、メソポタミア、ユダヤ、カパドキア、ポントス、アジア、フリギア、パンフィリア、エジプト、キレネ、クレタ、アラビアなど、さまざまな言語でした。

そのときエルサレムには、世界中の国から人々が集まっていましたが、自分の故郷《こきょう》の言語を、12人の弟子たちがペラペラと話し出すので、あっけにとられてしまいました。

弟子たちはこの出来事に勇気づけられ、イエスの教えと復活を、多くの人に伝え始めます。「聖霊」によるこの不思議な出来事は、これから世界中に、イエスの教えが広まっていくことが、先取りして記されているのです。

そして12人の弟子を中心とした信者たちによって、初期のキリスト教会が始まっていくことになります。

迫害者だったパウロが、一転、熱心なキリスト教伝道者となる

しかしこれを見て面白くないのは、ユダヤ教の指導者たちです。せっかくイエスを処刑したと思ったら、今度は弟子たちが布教活動を始めたからです。

そして、激しい弾圧《だんあつ》と迫害《はくがい》が始まります。

ファリサイ派のユダヤ教徒で、有名な律法学者のもとで学んだエリートでもあった「サウロ（サウル）」という人も、迫害する者の一人でした。キリスト教徒の家に押し入ったり、教会から信徒たちを引きずり出したりして、次々と牢《ろう》に入れていました。

ところが、多くのキリスト教徒たちを捕らえようと、ダマスコという場所に向かっていたとき、サウロの身に思いがけないことが起こりました。

「サウル、サウル、なぜ、わたしを迫害するのか」（使徒言行録9・4）

という、天からの声を聞きます。あなたはどなたですか、と聞くと、

「わたしは、あなたが迫害しているイエスである。」（使徒言行録9・5）

と、答えるのです。そして、サウロは、目が見えなくなってしまいます。目が見えなくなったサウロは、人々に手を引かれて、ダマスコの町に入ります。

ダマスコの町には、「アナニア」というキリスト教徒がいましたが、神の啓示《けいじ》を受けて、サウロのいる家に行きました。そして、サウロの上に手を置いて言います。

「主イエスは、あなたが元どおり目が見えるようになり、また、聖霊で満たされるようにと、わたしをお遣《つか》わしになったのです。」（使徒言行録9・17）

アナニアがそう言ったとき、サウロの目から、うろこのようなものが落ちて、もとどおり目が見えるようになりました。

サウロは自分の態度を180度転換《てんかん》し、イエス・キリストの教えを命がけで宣《の》べ伝《つた》える者《もの》となることを決意します。

サウロはやがてパウロと改名《かいめい》しますが、この転換のことを、「パウロの回心《かいしん》」と言います。

世界中に、イエス・キリストの「愛」を布教し続けたパウロ

パウロは、キリスト教を広めるために、世界のあちらこちらを飛び回ります。キリスト教が世界宗教として広まっていくのは、パウロによる熱心な宣教活動の影響が非常に大きいです。

ユダヤ教の指導者は、パウロを裏切り者と見なし、彼の命をつけ狙い、何度も殺害計画を立てます。しかし捕らえられて牢《ろう》に入れられたときでさえ、牢獄《ろうごく》から信徒に向けて手紙を書き送るなど、命がけで宣教活動を続けました。新約聖書の「○○への手紙」と題された手紙の部分は、その大半が、パウロが各地の信徒に宛《あ》てた手紙となっています。

イエス・キリストは自身をキリスト教徒とは考えていませんでした。イエスは「教祖《きょうそ》」ではあっても、キリスト教の「開祖《かいそ》」ではありません。キリスト教の開祖は、間違いなくパウロだと言えます。

そしてパウロは、世界中の信徒から愛されていました。

パウロは、当時のアジア州にあった「エフェソ」という町にも行きましたが、そこの教

会の長老たちに、別れを告げる場面が「使徒言行録《しとげんこうろく》」の20章に描かれています。

「わたしは、他人の金銀《きんぎん》や衣服をむさぼったことはありません。ご存じのとおり、わたしはこの手で、わたし自身の生活のためにも、共《とも》にいた人々のためにも働いたのです。あなたがたもこのように働いて弱い者を助けるように、また、主《しゅ》イエス御自身《ごじしん》が『受けるよりは与える方《ほう》が幸いである』と言われた言葉を思い出すようにと、わたしはいつも身をもって示してきました。」

このように話してから、パウロは皆と一緒にひざまずいて祈った。人々は皆《みな》激しく泣き、パウロの首を抱いて接吻《せっぷん》した。特に、自分の顔をもう二度と見ることはあるまいとパウロが言ったので、非常に悲しんだ。人々はパウロを船まで見送りに行った。（使徒言行録20・33－38）

パウロが大切にした「受けるよりは与える方が幸いである」という言葉は、キリスト教徒の人生観が端的《たんてき》に表されています。

パウロの最期《さいご》について、聖書にはくわしく書かれていませんが、刑死により殉教《じゅんきょう》したと伝えられています。

第4章

つらいときでも希望が持てる「聖書の名言」

『旧約聖書』と『新約聖書』は、どういう構成になっている？

第2章でも触れましたが、ここからは、「聖書の読み方」について、解説していきましょう。

「聖書」には、ユダヤ教の文書をまとめた『旧約聖書』と、イエス・キリストの生涯と言《げん》行《こう》、および信徒たちが作成した文書をまとめた『新約聖書』の、2つがあります。

前にもお話ししたとおり、「旧約」は「神との旧《ふる》い約束」という意味で、「新約」とは「神との新しい約束」という意味になります。

ユダヤ教の文書には、「トーラー（Torah／律法《りっぽう》）」、「ネビイーム（Nevi'im／預言者《よげんしゃ》たち）」、「ケトゥビーム（Ketubim／諸書《しょしょ》）」の3つがあります。「Torah」「Nevi'im」「Ketubim」の3つの頭文字をとって母音をつけて、「タナハ（Tanakh）」と、まとめて呼ぶこともあります。この「タナハ」のほかに、預言者モーセによる口伝律法《くでんりっぽう》とされる「タルムード（Talmud）」があります。

紀元前3世紀〜前1世紀ごろ、ヘブライ語で書かれたユダヤ教の文書を、ギリシア語に翻訳《ほんやく》しつつまとめる作業が進められました。これを「七十人訳聖書《しちじゅうにんやくせいしょ》（Septuaginta／セプトゥアギンタ)」と言い、現存《げんぞん》する最古の体系的《たいけいてき》な聖書、と言われています。

ユダヤ教の文書をまとめた「聖書」が、イエスの出現ののちには、キリスト教徒から『旧約聖書』と呼ばれるようになりました。

『旧約聖書』には、天地創造やアダムとエバの話、ノアの箱舟やバベルの塔の話、イスラエルの民が預言者モーセに率《ひき》いられてエジプトを脱出する話、そのモーセが神から「十戒《じっかい》」を授けられる話、ダビデ王やソロモン王の話など、神とイスラエルの民との契約の歴史のほか、律法や箴言《しんげん》、預言者の言葉などが記されています。

『新約聖書』は、マタイ、マルコ、ルカ、ヨハネによる4つの「福音書《ふくいんしょ》(よき知らせ)」と、弟子であるペトロや伝道者パウロの活動を中心にまとめた「使徒言行録《しとげんこうろく》」、伝道者パウロによる信徒への「手紙」、そのほか、ヤコブ、ペトロ、ヨハネ、ユダの「手紙」(まとめて「公同書簡《こうどうしょかん》」と呼ばれます)、「ヘブライ人への手紙」、「ヨハネの黙示録《もくしろく》」から、成っています。

第3章でお話ししてきたように、イエスの誕生から洗礼、布教活動や奇跡の数々、捕らえられ十字架刑に処され、復活するまでのストーリーと、弟子たち(「使徒《しと》」と呼ばれます)のその後の布教活動を中心に、描かれています。

イエス自身は、書物を著《あらわ》していません。教えはすべて、口伝《くでん》でした。1世紀後半〜2世紀半ば、イエスのことを直接知る人が少なくなると、イエスの言行を、文書に記し残そうという動きがでてきます。

正典《せいてん》を定める作業は、異端《いたん》の指導者であったマルキオンの活動を受けて始まり、現在の『新約聖書』27巻が成立したのは、西暦397年のカルタゴ会議においてでした。

初心者はまず、『新約聖書』のほうから読んでみよう

歴史的な順序から考えると、『旧約聖書』から『新約聖書』へと進むのが良さそうですよね？

しかし膨大《ぼうだい》なページ数の『旧約聖書』は読むだけでもたいへんですし、何より書かれているのが紀元前の世界のことですから、人間の意識も価値観も違っていて、理解するのがとてもたいへんだと思います。

ですから初心者はまず、『新約聖書』にある4つの「福音書」を、読むことをおすすめします。どの福音書も、イエス・キリストの生涯と言行が描かれています。

4つの福音書のうち、「マタイ」「マルコ」「ルカ」の3つは、ほとんど内容が同じです。

ですから、「共観福音書《きょうかんふくいんしょ》」と呼ばれています。

4つの福音書のうち、最初におかれている「マタイによる福音書」の冒頭はこう始まります。

「アブラハムの子ダビデの子、イエス・キリストの系図《けいず》。アブラハムはイサクをもうけ、イサクはヤコブを、ヤコブはユダとその兄弟たちを、ユダはタマルによってペレツとゼラを、ペレツはヘツロンを、ヘツロンはアラムを、アラムはアミナダブを、アミナダブは…（以下、続く）」（マタイによる福音書**1**・1-4）

ここでいきなり挫折《ざせつ》してしまう人が多いのですが、この系図のくだりでは、イエス・キリストの家系的な正当性《せいとうせい》を伝えたいのです。

当時、救世主（メシア）はダビデの家系から生まれてくるとされていました。イエスがダビデの子孫であることを示すことで、メシアの正当性を明らかにするのです。

ですから、「アブラハムからダビデ、イエスまでが、家系的につながっているんだ」ということが確認できたら、それで大丈夫です。

次の、「イエス・キリストの誕生」の話へと、マタイの福音書を読み進めていきましょう。

4つの「福音書」を読み終えたら、次は、「使徒言行録」を読んでみましょう。

「使徒言行録」は、イエスが昇天《しょうてん》した後の、弟子（使徒）や伝道者たちの、宣教活動の話が描かれています。さきほどの「パウロの回心」の話もそうです。

イエスが神の子であったのに対し、使徒たちは人間です。それだけにわれわれと同じように、苦しみ、悩み、葛藤します。「人間くささ」という点で、わたしは、「使徒言行録」を好んで読みます。

それも読んだら、「ローマの信徒への手紙」「コリントの信徒への手紙」などの、伝道者パウロの手紙を、読み進めていきましょう。

パウロは信徒たちのために、イエスの教えを難しい言葉ではなく、とてもやさしい言葉で書いています。また、その語《かた》り口《くち》はとても温かく、愛にあふれています。より、神の愛、キリストの愛というものが、身近に感じられることでしょう。

これから聖書を買うなら、「引照付《いんしょうつ》き」がおすすめ

聖書にはさまざまな日本語訳がでていますが、スタンダードなのは、『聖書 新共同訳《しんきょうどうやく》』（日本聖書協会）です。

わたしのおすすめは、少し値が張りますが、２０１８年12月発行『聖書 聖書協会共同《せいしょきょうかいきょうどう》

訳《やく》〈引照《いんしょう》・注付《ちゅうつ》き〉』（日本聖書協会）です。こちらは最新の学術的な成果をふまえた翻訳となっています。

ポイントは「引照付き」というところです。引照が付いていると、「いま読んでいるところ」と「聖書のなかの、ほかの部分」とを、引き合わせて比べることができるのです。

具体的な例を挙げましょう。第3章でも述べましたが、イエスと悪魔が戦うシーンで、イエスがこう言います。

『人はパンだけで生きるものではなく神の口から出る一つ一つの言葉によって生きる』と書いてある。」（マタイによる福音書4：4『聖書 聖書協会共同訳〈引照・注付き〉』）

「人間の目的は、食べ物を求めるためだけにあるのではない。精神的なものが重要だ」と解釈してしまいそうですが、この文章の部分の「引照」を見てみます。

すると、聖書のなかの「申命記《しんめいき》8章3節」を開いて引き比べるよう、記してあります。

そこで、「申命記8章3節」をめくって、その箇所を見ると、以下のように書いてあります。

「そしてあなたを苦しめ、飢えさせ、あなたもその先祖も知らなかったマナを食べさせられた。人はパンだけで生きるのではなく、人は主の口から出るすべての言葉によって生き

るということを、あなたに知らせるためであった。」（申命記8・3『聖書 聖書協会共同訳〈引照・注付き〉』）

さらに引照をたどっていけば、「神は、マナという食べ物を天から降らせてくれる」という聖書の記述に行き当たり、「人間の目的は、食べ物を求めるためだけにあるのではない。精神的なものが重要だ」という解釈が間違っていることがわかります。パンについて心配しなくてもいい、神が与えてくれるというのが正しい解釈なのです。

このように「引照」によって、聖書のほかのパートと引き比べて読むことで、よりいっそう、深い解釈ができるようになります。

もっと深く勉強したくなった人は、『新共同訳 新約聖書略解《りゃっかい》』（日本基督教団《にほんキリストきょうだん》出版局）という註釈書《ちゅうしゃくしょ》を、参照しながら読むことをおすすめします。こちらは、日本の多くの牧師さんが、「アンチョコ（教科書ガイド）」として使っている註釈書です。

† 迷ったときに読み返したい「聖書の名言」

これまでの文章でも、聖書のなかの言葉を引用してきました。

ここからは、わたしがおすすめする「聖書の名言」を、いくつか挙げていきたいと思います。

あなたの人生の、一つの道しるべとして、役立てていただければ幸いです。

求めれば与えられる

求めなさい。そうすれば、与えられる。探しなさい。そうすれば、見つかる。門をたたきなさい。そうすれば、開かれる。（マタイによる福音書7・7）

「求めること」「探すこと」「門を叩くこと」は、いずれも信仰を指します。真剣に神を求め、神を探し、その教えをこおうと門を叩けば、それは実現するということです。

キリスト教は「原罪」を説く宗教ですから、「人間はそもそも罪深い」という立場です。

それゆえ、悲観的な宗教かというと、そうではありません。

なぜなら罪を悔《く》い改《あらた》め、まっすぐに信仰するなら、神の恩寵《おんちょう》があると説くからです。

「ルカによる福音書」の15章に、イエスの「放蕩息子《ほうとうむすこ》」のたとえ話があります。

ある人に息子が二人いました。

弟のほうが「お父さん、わたしがもらうことになっている財産を分けてください」というので、その人は、兄と弟に半分ずつ分けてやりました。ところが弟のほうは、財産を全部お金に換《か》えてしまうと、すぐに遠くに旅に出てしまいました。

弟は旅先で、お金を使って、放蕩《ほうとう》の限りを尽くしました。そしてお金をすべて使い果たしたときに、飢饉《ききん》が起こって、飢え死《うじ》にしそうになります。

困り果てた弟は、父親のもとに帰りました。帰るなり父親に向かって、「わたしは罪を犯しました。もう息子と言われる資格はありません」と謝りました。

叱られるかと思ったら、父親は、大喜びして弟に接吻《せっぷん》し、良い服を着させ指輪をつけさせて、子牛を焼いて、音楽や踊りの祝宴会《しゅくえんかい》を始めました。

兄のほうはこれを見て、面白くありません。自分は家を出ずに真面目に父親に仕《つか》えて、言いつけに背《そむ》いたこともない。なのに自分は、こんな風に祝ってもらったことはないではないですか、と父親を責めます。

父親は、兄に向かって言います。

「子よ、お前はいつもわたしと一緒にいる。わたしのものは全部お前のものだ。だが、お前のあの弟は死んでいたのに生き返った。いなくなっていたのに見つかったのだ。祝宴を開いて楽しみ喜ぶのは当たり前ではないか。」（ルカによる福音書15・31－32）

この弟、放蕩息子は、わたしたち「罪深い人間」のことです。

そして、放蕩息子を喜んで祝った父親は、「神」のことです。

放蕩息子が「罪を犯しました」と悔い改めたように、わたしたち人間も真摯《しんし》に悔い改めるならば、神は、喜んで「祝宴」を開いてくれるのです。放蕩息子の父親のように。

キリスト教の神は、わたしたちが「求めるならば」、いつでもわたしたちを祝福したいと願っています。

「狭《せま》き門」のほうを選ぶ

狭い門から入りなさい。滅びに通じる門は広く、その道も広々として、そこから入る者が多い。しかし、命に通じる門はなんと狭く、その道も細いことか。それを見いだす者は少ない。（マタイによる福音書7・13－14）

人生というのは、選択の連続です。

受験、就職、転職、独立…。人生において選択を余儀《よぎ》なくされることは何度もあります。

そんなとき、この言葉のように「広い門より狭き門」、つまりラクな道より険《けわ》しい道、苦難の道を選ぶのが正しいと、わたしは考えています。

なぜなら人間は放っておけば、ラクなほう、ラクなほうへと逃げてしまいがちです。しかしそれでは、成長できません。

イエスはこの言葉によって、「神への信仰を持ち続けることがいかに難しいか」と伝えたかったと思いますが、わたしたちの人生においても道しるべになる言葉だと思います。

他人を裁《さば》いてはいけない

人を裁くな。あなたがたも裁かれないようにするためである。あなたがたは、自分の裁く裁きで裁かれ、自分の量《はか》る秤《はかり》で量り与えられる。（マタイによる福音書7・1－2）

最近は、ウェブサイトやSNSでやたら「炎上《えんじょう》」が起こります。タレントの謝罪会見《しゃざいかいけん》でも、マスコミ記者たちが、まるで鬼の首でも取ったかのように、みんなで糾弾《きゅうだん》します。「自分は悪くない。悪いのはアイツだ」——。自分のことを棚に上げて、誰かを一斉攻撃《いっせいこうげき》する傾向は、ネット社会になってから、ますます強まっているように感じます。

これまでもお話ししてきたように、キリスト教において、罪のない人間など一人もいません。キリスト教徒は、自分だって罪深いのだから、誰かの罪を責め立てることなどできないと考えます。「裁く」権利があるのは神だけであり、人間にはその権利はないと考えるのです。

「自分もあの人と同じように、〝罪〟を持っているのだ」と謙虚にとらえるなら、もう少し、他人に対して寛大《かんだい》になれるのではないでしょうか。

それとも、「女が与えたせいで食べた」「蛇がだましたせいで食べた」と責任転嫁《せきにんてんか》したアダムやエバのように、人間はこの先もずっと、誰かに罪をなすりつけることをやめないのでしょうか。

財産や評価はむなしいもの

あなたがたは地上に富《とみ》を積んではならない。そこでは、虫が食ったり、さび付いたりするし、また、盗人《ぬすびと》が忍び込んで盗み出したりする。富は、天に積みなさい。（マタイによる福音書6・19－20）

ここでいう「富《とみ》」とは、お金や財産などの物質的なものだけではありません。

ここでイエスが言っている「富」は、比喩《ひゆ》的《てき》なものです。当時のユダヤ教の権威者たちは、自分たちの信仰心を誇り、民衆に見せつけるようにして、人々から賞賛《しょうさん》を得ようとしていました。

イエスはそれも、地上に「富」を積むような行為だというのです。

他人からの賞賛も、名誉《めいよ》も、この地上での価値観にしかすぎません。人間の評価などは不安定で、一時賞賛されていた人も、別の優《すぐ》れた業績《ぎょうせき》をあげる人が現れれば、たちまち忘れ去られてしまいます。

人の評価など、「虫が食ったり、さび付いたりする」ように、むなしいものなのです。

むなしい他人の賞賛や評価を求めることなく、「神による絶対的な評価」を気にかけて生きる大切さをイエスは説いています。神を中心に生きよ、ということです。

他人に評価されたり、賞賛されたりすることを求めているうちは、「富を天に積むこと」はできないのです。

他人の過《あやま》ちは何度でも許す

ペトロがイエスのところに来て言った。「主よ、兄弟がわたしに対して罪を犯したなら、何回赦《ゆる》すべきでしょうか。七回までですか。」イエスは言われた。「あなたに言っておく。七回どころか七の七十倍までも赦しなさい。」（マタイによる福音書18・21－22）

ユダヤ教では、神は人間の罪を、「同じものならば三回までは赦《ゆる》してくれる」と考えられていました。

あるとき弟子のペトロが、「仲間がもし罪を犯したら、自分は何回まで許してやるべきか」とイエスに聞きます。新約聖書の時代、7という数字はもっとも善《よ》い数字（絶対数）と考えられていたからでしょうか、ペトロは「7回までですか」と聞きます。

するとイエスは、「7の70倍まで許せ」というのです。これはもう、無限に許してあげなさいという意味で、とことんまでの寛容《かんよう》をすすめているのです。

なぜなら神は寛容であり、人間を何度でも許してくれるのだから、人間同士の関係においても、それを実践しなさいとイエスは主張するのです。

誰でも人生のなかで、人に迷惑をかけたり、人を不愉快にさせたり、人を傷つけたりしているはずです。自分でそれとは気づかずに、人に迷惑をかけていることもあるでしょう。それでもその多くは、許されてきました。

そうやって、みんなから許されて、いまの自分があると考える。

そうすると今度は、自分だけが他人の失敗や失礼を許さない、などということは道理《どうり》に合いません。

自分が許されてきたように、他人も許してあげましょう。

知恵、力、地位を誇《ほこ》らない

神は知恵ある者に恥《はじ》をかかせるため、世《よ》の無学《むがく》な者を選び、力ある者に恥をかかせるため、世の無力《むりょく》な者を選ばれました。また、神は地位のある者を無力な者とするため、世の無《む》に等《ひと》しい者、身分《みぶん》の卑《いや》しい者や見下《みさ》げられている者を選ばれたのです。それは、だれ一人、神の前で誇ることがないようにするためです。（コリントの信徒への手紙Ⅰ 1.27－29）

頭のいい人、権力のある人、地位のある人は、この世の中では、「偉い人」と呼ばれ、人々の上に立ちます。政治家や官僚《かんりょう》や一流企業のエリート会社員などがそうでしょう。

しかし、知恵、力、地位など、この世の価値は、「神の世界」ではまったく価値がありません。そして、神よりも賢く、神よりも力があり、神よりも偉いなどということはあり得ないのです。

ところが知恵、力、地位のある人は、そのようなものを誇り、まるで自分が全能《ぜんのう》の神であるかのごとく、人を利用したり、差別したり、虐待《ぎゃくたい》したりします。それが、この世に、悪がはびこる原因にもなります。

イエスの弟子たちをはじめ、当時の信者たちには、貧しく、能力も低く、自分は卑《いや》しいものだと思っている人がたくさんいました。

しかしそのように謙遜《けんそん》する人たち、地位や権力もお金もなく無力《むりょく》な人たちほど、神は、好んで選ばれるのです。

劣《おと》った部分も、あなたの個性

神は、見劣《みおと》りのする部分をいっそう引き立たせて、体を組み立てられました。それで、体に分裂《ぶんれつ》が起こらず、各部分が互いに配慮《はいりょ》し合っています。一つの部分が苦しめば、すべての部分が共に苦しみ、一つの部分が尊《とうと》ばれれば、すべての部分が共に喜ぶのです。（コリントの信徒への手紙I **12**:24-26）

身体には、手や足、頭や内臓や骨など、さまざまな部位《ぶい》があります。

部位だけに注目すれば、大きい／小さい、強い／弱い、硬《かた》い／柔らかい、速い／遅いなど、さまざまな違いがあります。しかし、それらすべての部位が自分の役割をまっとうし、また、お互いに補《おぎな》いあうことで、身体は動くことができるのです。

これは、わたしたちの住む社会にも、そのまま当てはまることです。

たとえば、体が小さい人がその俊敏《しゅんびん》さを生かしてアメリカのバスケット選手として活躍したり、口下手《くちべた》な人がその聞き上手を生かして営業マンとして成功したりしています。

あなたが「劣っている」と思っている自分の性質も、社会全体から見ると、とても必要とされている「素質《そしつ》」だったりするのです。つまりそれが、あなたの「個性」です。

キリスト教は、多様性《たようせい》を重んじます。

人間の個性は、神から与えられたギフトなので、他者と比較して「自分には足りない」とひがんだり落ち込んだりするのは、良いことではありません。

むしろそれを自分にしかない個性として生かして、社会に貢献《こうけん》することが、神の意志にそうことでしょう。

汚《きたな》い言葉が、こころを汚《けが》す

皆、わたしの言うことを聞いて悟《さと》りなさい。外から人《ひと》の体《からだ》に入るもので人を汚《けが》すことができるものは何もなく、人の中《なか》から出て来るものが、人を汚すのである。（マル

コによる福音書7・14－15）

イエスの弟子たちのなかに手を洗わないで食事をする者がいました。それを見て、ユダヤ教のファリサイ派と律法学者が、「どうして、昔の人の言い伝えを守らずに、汚い手で食事をするのですか」と、非難《ひなん》しました。ユダヤ教徒は昔から、念入《ねんい》りに手を洗ってからでないと食事をせず、また、市場《いちば》から帰ったときには身を清めてからでないと食事をしませんでした。

イエスは、これに対して言います。「体に入るもの」でなく「体から出てくるもの」が、人を汚《けが》すのだ、と。どういうことでしょうか。

「人から出てくるもの」とは、すなわち、「人間の言葉」です。

人間は言葉によって、人を喜ばせることもできますが、人を傷つけ、悲しませ、怒らせ、陥《おとし》れることもできます。正しく言葉を使うことを気をつけていても、余計なことを言ってしまったり、悪意を含《ふく》んだことを言ってしまったりすることもあります。

つまり、汚い手で食事をすることが罪をつくるのではなく、「言葉で人を傷つけること」が罪をつくるのだ、とイエスは主張しています。

自分が「汚れた言葉」を使わなかったか、ときどき振り返ってみることが大切です。

復讐《ふくしゅう》は、神にまかせる

愛する人たち、自分で復讐せず、神の怒りに任せなさい。『復讐はわたしのすること、わたしが報復《ほうふく》する』と主は言われる」と書いてあります。「あなたの敵が飢《う》えていたら食べさせ、渇《かわ》いていたら飲ませよ。そうすれば、燃える炭火《すみび》を彼の頭に積むことになる。」悪に負けることなく、善をもって悪に勝ちなさい。（ローマの信徒への手紙**12**：19－21）

「目には目を、歯には歯を」のような、やられたら同じ分だけやり返す同害報復《どうがいほうふく》は、古代バビロニア帝国で実施され、この伝統を、ユダヤ教も継承《けいしょう》しました。放っておけば人間はその復讐心《ふくしゅうしん》から、「目には、目と鼻を」「歯には、歯と耳を」くらいの報復を考え、過剰報《かじょうほう》復《ふく》の連鎖《れんさ》は止まらなくなります。

ですからイエスは、「復讐」を全面的に禁止します。なぜならこの世界の支配者は「神」

であり、人間が犯した罪に対する復讐についても、全面的に神にゆだねられるからです。

わたしたちは、ときに、「悪」と戦わなくてはならないときがあります。

そのときに、「やられたらやり返す」のやり方では、今後は自分が「悪」をなしてしまうことになります。悪に負けることなく、善をもって悪に打ち勝つことの大切さを、この言葉は教えています。

それからイエスの有名な言葉に、「悪人に手向《てむ》かってはならない。だれかがあなたの右の頬《ほお》を打つなら、左の頬をも向けなさい」（マタイによる福音書5・39）というものがあります。

誰かに打たれてもそれに屈《くっ》せずに、左の頬を差し出す度胸《どきょう》を持って、「悪」に打ち勝ちなさいと言っているのです。

さらに「敵を愛し、自分を迫害する者のために祈りなさい」（マタイによる福音書5・44）という言葉もあります。

敵を愛するなんて、ふつうはなかなかできることではありませんが、それでもキリスト教徒は、憎しみではなく愛をもって敵と接することを、実践しようと努めるのです。

受けるよりも与える

主イエス御自身が『受けるよりは与える方が幸いである』と言われた言葉を思い出すようにと、わたしはいつも身をもって示してきました。（使徒言行録20・35）

これは第3章でも解説した、伝道者パウロの言葉です。

パウロは、イエスが「受けるよりは与える方が幸いである」と言ったと述べていますが、福音書を探してみても、イエスがこのような発言をしたというところは見当たりません。とはいえこの教えは、イエスの教えの真髄、キリスト教の真髄のように感じます。

日本のことわざに、「情《なさ》けは人のためならず」というものがあります。他人に親切にすれば、いつか自分に返ってくる、ということです。

他人に何かを与えられるような人間になるためには、それに値《あたい》するものを自分が持っていなくてはなりません。パウロは、キリスト教徒はできるだけ努力して、他人に与えることができるものをつくり出すように言っています。そして、与えるものも、その能力もあるのに、サボっている人間を嫌います。

神が与えてくれたものを、われわれは神に返さなくてはなりません。それは神から受けたものを、隣人に対して与えることによって実現されるのです。

わたしは、国策捜査で逮捕され、512日間、東京拘置所に勾留されているとき、独房《どくぼう》のなかで、何度も何度もこの箇所を繰り返し読みました。

そして限られた残りの人生は、他者から「受けること」を考えるのではなく、他者に「与えること」を第一に考えて生きよう、と思いました。

そう考えた瞬間、世界がまるで異なって見えたことを、いまでも覚えています。

第5章

試練の人生を支えてくれた「わたしのキリスト教」

わたしの洗礼

1979年12月23日、京都の日本キリスト教会吉田教会で、クリスマス礼拝のときに、わたしは洗礼を受けました。当時、わたしは19歳で、同志社大学神学部《どうししゃだいがくしんがくぶ》の1回生でした。

「洗礼」とは、イエス・キリストへの信仰を受け入れた人に対して行われる、キリスト教への入信《にゅうしん》の儀式です。これまでの罪を認め、その許しをイエス・キリストに願うことで、神の子として新しく生まれ変わります。

イエスは復活したとき、ガリラヤ山で弟子たちにこう言いました。

「あなたがたは行って、すべての民をわたしの弟子にしなさい。彼らに父と子と聖霊の名によって洗礼を授け、あなたがたに命じておいたことをすべて守るように教えなさい。」（マタイによる福音書**28**・19－20）

洗礼から40年以上経ちますが、わたしの信仰が揺らいだことは一度もありません。わたしが信仰を持ったのではなく、「神に、わたしはとらえられた」という風に感じています。神にとらえられて、身動きがとれなくなったような感覚です。

以来、人生でさまざまな問題に遭遇したときに、「わたしは神のために、どういう選択をすればいいだろうか」と、無意識のうちに考えるようになりました。

母の戦争体験

わたしは、母親がプロテスタントのキリスト教徒だった関係で、子どものころからよく教会に連れていかれました。

わたしの母親は、沖縄県の久米島《くめじま》出身で、14歳のときに、太平洋戦争の沖縄戦を経験しています。

1945年3月26日に始まった沖縄戦は、アメリカ軍とイギリス軍を主体とする連合国《れんごうこく》軍《ぐん》のおびただしい数の艦船《かんせん》と航空機による砲撃と爆撃で始まりました。

母は軍属《ぐんぞく》として、陸軍第62師団《しだん》（通称「石部隊《いしぶたい》」）と行動をともにしました。母は敵の毒ガスを浴びて死にかけるなど、何度も生死の境を行き来したそうです。

6月22日（一般的には23日とされていますが、わたしは22日説をとります）、進退窮《しんたいきわ》まった沖縄戦は、日本軍のトップである牛島満《うしじまみつる》司令官《しれいかん》（陸軍中将）と長勇参謀長《ちょういさむさんぼうちょう》（陸軍中将）が、摩文仁《まぶに》の司令部壕《しれいぶごう》にて自決《じけつ》し、組織的な戦闘が終結しました。生き残った母たちは、連合国軍から見つからないように、摩文仁の海岸にある小さな洞窟に、17人で静かに潜んでいました。

7月に入ってからのことです。洞窟に隠れていた母たちは、ついにアメリカ軍の兵に発見されてしまいます。

アメリカ軍の兵は「すぐに手を挙げて出てきなさい」と、カタコトの日本語で、投降《とうこう》を呼びかけてきます。

そのとき母は、自決用に渡されていた2つの手榴弾《しゅりゅうだん》のうち、1つをポケットから取り出して、安全ピンを抜きました。手榴弾の信管《しんかん》（起爆装置《きばくそうち》）を洞窟に叩きつければ、4～5秒で爆発し、洞窟のなかにいる17人は全員死ぬことになります。

そのとき、母のとなりにいた「アヤメ」という名の北海道出身の伍長《ごちょう》が、

「死ぬのは捕虜《ほりょ》になってからでもできる。ここはまず生き残ろう」

と言って、手を上げて投降しました。

母は、命拾いしました。

戦後しばらくして、母は、プロテスタントの教会で洗礼を受けました。強烈な体験を通して、自分が生き残ったのは偶然ではなく、何か見えない力、神の意志が働いていることを感じたからです。

わたしは、子どものころから何度も「アヤメ伍長があのとき手を上げなければ、お母さんは手榴弾を爆発させていた。そうしたらみんな死んだので、優君が生まれてくることもなかった。お母さんは北海道の兵隊さんに救われた」という話を、母から聞かされました。

元官僚の牧師

そんな母の影響もあって、わたしと妹は、それこそ小学校低学年のころから、教会に通うようになりました。教会では、牧師から、こんな風に教えられました。

「誰にも見られていないと思っても、神様はすべてを見ているんだよ。天国には、〝神様のノート〟があるんだ。このノートには、人間に関することは、すべて書かれている。誰が神様の御心にかなって救われるのか、ということも書かれているんだよ」

人間が生きる目的は、自分のためではない。神様の栄光のために生きる。人間は神様によってつくられたのだから、そのことを神様に感謝して、神様が喜ぶことをすべきだというのです。

イエス様は、他人のためにいつも働いたし、祈った。何も悪いことをしていないにもかかわらず、罪深い人間たちの身代わりに、十字架につけられて殺された。こういう生き方に、できるだけ近づけるようになりなさい。

こうした教会での刷《す》り込《こ》みで、幼いわたしも、神がいるのは当然のことだと思うようになりました。

小学校5年生のときだったと思います。

わたしたちが住んでいた埼玉県大宮の東にある、風渡野《ふっとの》というところに、日本キリスト教会の大宮東伝道所ができました。そこに、牧師になることを志願《しがん》した40代半ばの、神学生《しんがくせい》が赴任《ふにん》してきました。

この神学生、新井義弘《よしひろ》先生は厚生省《こうせいしょう》（現厚生労働省《こうせいろうどうしょう》）の元官僚《かんりょう》で、仕事が忙しく残業が重なり身体を壊したところ、キリスト教に出会い、「僕のほんとうの仕事は、神様について伝えることだ」と思い、厚生省をやめて、牧師になることにしたと言います。

わたしが中学校に入ったころ、新井先生は神学校を卒業し、正式な牧師になりました。

そして、教会堂と別に勉強教室をつくり、「聖書を英語で読む」という授業が開かれました。

わたしもその英語教室に通うようになります。

「ちょっと難しいんですが、とても格調《かくちょう》が高いので、キング・ジェームズ版の英訳聖書を使いましょう」

わたしは意味がよくわからないながらにも、必死で授業についていきました。このときの聖書の勉強を通じて、わたしは暗記の仕方を覚えました。

わたしは、聖書のことから哲学のことまで、新井牧師にいろんなことを質問し、そのたび、新井牧師は丁寧に答えてくれました。わたしは新井牧師の人格に魅了されていきました。

同級生の自殺

中学2年生になったわたしは、埼玉県立浦和高校に進学するため、高校受験の進学塾に通い、一生懸命勉強していました。受験戦争という言葉がありますが、当時はいまより生徒の数が多く、競争もそれだけ激しい時代でした。

秋のことでした。

朝の7時過ぎに、家のブザーが鳴り、何事かと思うと、わたしの住んでいた団地内で「至急回覧」と書かれた回覧板が回ってきました。

その回覧には「訃報《ふほう》」と書かれており、同級生の男子が心臓麻痺《まひ》で急死した、と書かれていました。成績が優秀で、浦和高校に合格する、と言われていた同級生でした。

2日後、団地の集会所で行われた告別式には、数百人が集まり、女子生徒たちは声をあげて泣き、わたしも涙がこぼれました。

そのとき、その同級生とテストの成績を見せ合って、互いに「負けないぞ」と闘志を燃やしたことを思い出しました。それと同時に、こころの片隅で、「ライバルがいなくなって、ほっとした」と思ってしまったのです。

しかしその瞬間、「なんてことを思っているんだ」と、その気持ちを心のなかに押し込めました。自分のなかに「悪」があることに気づき、恐ろしくなったのです。

あとからわかったことなのですが、彼の死因は、じつは自殺でした。

秀才と呼ばれ品行方正《ひんこうほうせい》な彼でしたが、万引きしたことで親が警察に呼び出され、両親からたいへん叱られ、そのまま家を飛び出し、公園で首を吊ったということでした。

彼の死から2週間ほどしたある日、別のクラスの学級副委員長の女子生徒から「ちょっと相談したいことがある」と声をかけられました。わたしたちは、彼の自殺について話をしました。

「佐藤君は誰かが死んでしまえばいいと思ったことはある?」

彼女は成績が良く、英語も抜群にできて、浦和第一女子高等学校という進学校を目指していました。彼女も激しい競争の真っただなかにいました。塾の模擬試験で自分を追い抜く人が出てくると、そういう人は死んでしまえばいいと思うと言うのです。

わたしは正直に答えました。

「思ったことがある。たしかにあるよ」

それからもわたしは、この気持ちを長い間、整理できずにいました。

病室での懺悔《ざんげ》

中学3年生の春休み、わたしは教会のキャンプに行ったときに、ある牧師さんにこのことを打ち明けました。

「自分の競争相手が死んでしまえばいいという気持ちが、キリスト教のいう罪なのです。神様にわたしは罪人です、こういう考え方をあらためるように努力しますとお祈りすることが重要です」

牧師さんは、わたしの前でお祈りしてくれました。しかし、わたしのこころのなかの「よどみ」のようなものは、まだ消えませんでした。

年が明けて、いよいよ受験が迫ってきたとき、伝道所の新井牧師が倒れて入院したと、わたしの母に連絡がありました。わたしは翌日すぐに、お見舞いに行くことにしました。新井牧師は、喜んでくれました。

そして、自分が厚生省に入り、キャリアアップの勉強もしながらがむしゃらにがんばっていたときに身体を壊してしまい、そんなときに教会に話を聞きに行くと、「過去の自分の努力は、すべては自分の出世と評価のためだった」ことに気づき、そんな人生がむなしくなったと話してくれました。ところが牧師になったって、自分という人間は、なかなか変われないと言うのです。

「ほかの牧師が伝道で成功したという話を聞くと、腹のなかで『面白くない』と思う。逆に、ほかの牧師が『トラブルを起こした』という話を聞くと、口では同情的なことを言いながら、こころの底では『いい気味だ』と思う。僕自身は、とても嫌な人間なんです。その性格は努力しても変わらない」

その話を聞いて、わたしは新井牧師にいままで黙っていた、自殺した男子生徒の話をすることにしました。

新井牧師は、

「それが僕たち人間の罪なのです。人間は罪から逃れることができません」

と言い、ベッドの上に座り、点滴の管が付いたまま手を合わせ、お祈りを始めました。新井牧師自身と、わたしの罪を許してくれ、と祈りを神に捧げてくれました。わたしは、自然に涙がこぼれ落ちました。

高校1年生になって、新井牧師が病死すると、わたしは教会に行かなくなりました。

光の子闇の子

わたしは浦和高校に入ると、教会から離れると同時に、マルクスの『資本論《しほんろん》』に、強烈に引き寄せられるようになりました。

高校の受験のための勉強がまったく面白くなくなり、マルクス主義や哲学に関する本を、読みあさるようになりました。

「受験勉強から逃げ出したい」という気持ちと、「社会構造の問題について誰よりもくわしく勉強したい」という気持ちとが、混在《こんざい》していました。

面倒な生徒だったと思いますが、高校で倫理《りんり》社会を教えていた堀江《ほりえ》六郎先生は、そんなわたしを熱心に指導してくれました。堀江先生は、カトリック教徒で、東京大学文学部と大学院で倫理学を専攻《せんこう》した教養人《きょうようじん》でした。

「大学入試の準備も兼ね、英語で思想書を読みましょう」と、米国の神学者ラインホールド・ニーバーの『光の子と闇の子』(The Children of Light and the Children of Darkness)をテキストに指定し、指導をしてくれました。

『光の子と闇の子』は、自由主義や共産主義を「光の子」、ナチズムやファシズムなどの全体主義を「闇の子」と称して、社会に存在する悪や、人間のそもそも持つ悪について、書かれている本でした。

この本が刊行された第二次世界大戦末期は、自由主義や共産主義こそが「正義(光の子)」で、ナチズムやファシズムは「絶対悪(闇の子)」と考えられていました。ところが堀江先生は、「光の子にも欠けているものがある」と解説します。

「光の子に欠けているのは、人間の罪に対する認識です。パウロが述べている『わたしは自分の望む善は行わず、望まない悪を行っている』という反省が欠けているのです。人間の罪について無自覚な社会改革の思想は、必ず悪政《あくせい》をもたらします」

この言葉は、徐々にわたしの考えに影響を与えました。

そして、そのとき強烈に惹《ひ》かれていたマルクス主義と、キリスト教との関係について、本気で勉強がしたくなりました。

同志社大学神学部

最初は文学部哲学科で宗教批判を研究したいと思っていましたが、一浪《いちろう》中にキリスト教神学を真剣に勉強したくなり、同志社大学の神学部を受験しました。面接では、こういうやりとりがありました。

「神学になぜ関心を持ちましたか」

「高校のときに、ラインホールド・ニーバーの『光の子と闇の子』を英書で読みました」

「ほう、難しかったでしょう。それであなたは何を勉強したいんですか」

「無神論《むしんろん》を勉強したいです」

「ニーチェを?」

「いえ、フォイエルバッハとかマルクスです」

わたしは「まずいことを言ってしまった。面接で不合格になるかもしれない」と思いましたが、面接がすんで部屋を出ようとすると、その面接を担当した教授が、「もしほかの大学に受かっても、ぜひうちに来てください。面白いですよ」と言いました。

こうして、わたしは、同志社大学神学部に進むことになりました。

神学部は、ほんとうに自由な雰囲気でした。

神学の先生は、人当たりは柔らかいけれども、意志の強い人が多かったです。学者としても優秀でしたが、それよりも彼らの人生観から、わたしは強い影響を受けました。

神学を勉強し始めて約半年、「マルクスが批判している神は、人間がみずからの願望にあわせてつくった偶像《ぐうぞう》にすぎず、キリスト教の神とまったく異なる存在だ」と知り、大学1回生だった1979年12月23日、教会のクリスマス礼拝のときに、洗礼を受けました。

さきほどの面接のやりとりをしたのは、ユング心理学の第一人者の樋口和彦《ひぐちかずひこ》教授でしたが、「もしほかの大学に受かっても、ぜひうちに来てください」と言ったわけを、あとから樋口先生に聞いてみると、

「佐藤君のように無神論を勉強したいなどと突っかかってくるタイプは必ずクリスチャンになるんだよ。そして、いったん、信仰をもつようになるとそれは崩れない」

と話してくれました。わたしは、先生の見立てのとおりに、クリスチャンになったわけです。

これまでも何度か引用してきたように、わたしは大学で、チェコのプロテスタント神学者、ヨゼフ・ルクル・フロマートカの思想に惹かれました。

フロマートカは、「神学というものは、大学研究室における学問でもなければ、教会の存在を正当化するための道具でもなく、この世で生きていく人間のためのものである」と言います。すこし難しいので平たく言うと、理論や絵空事ではなく、「実際のこの世界」、わたしたちの生活に身近ななかでこそ、キリスト教は役に立つものでなければならない、ということです。

とにかくわたしは、フロマートカのいたチェコスロバキアに行って、神学の勉強がしてみたくなりました。

ある日、大学の就職部の掲示板を見ていたら、「外務省《がいむしょう》専門職員」の採用試験案内という張り紙があって、「チェコ語の専門家を養成する」ということが書いてあります。外務省に専門職員として入省し、チェコに赴任すれば、仕事のかたわらで神学が研究できるかもしれない。そう考えて、わたしは外交官《がいこうかん》試験対策の勉強を始めました。

外交官とソ連崩壊《ほうかい》

1985年4月、25歳のわたしは、外務省に入省《にゅうしょう》します。

チェコスロバキアに行くことを夢見て入った外務省でしたが、研究語はロシア語になりました。そして5月、「欧亜局《おうあきょく》ソビエト連邦課《れんぽうか》」に配属されることになります。ソビエト連邦（ソ連）とは、いまのロシアとその周辺にあった国です。

１９８８年から１９９５年まで、わたしは外交官として「在ソ連・在ロシア日本国大使館」に勤務することになるわけですが、その前にイギリスの陸軍語学学校で、「ロシア語の語学研修」を命じられました。

イギリスに行く際は、ロシア語の研修の妨げになってしまうので、神学書はあえて持って行かずに、日本聖書協会の口語訳《こうごやく》新約聖書とドイツ語の聖書の2冊だけを持っていきました。

ところがロンドンやオックスフォードの古書店に入ってみると、大学生のときには高くてあきらめていた神学書が、日本の5分の1〜から10分の1くらいの値段で売られているのです。けっきょくイギリスにいた1年2か月の間に、２０００冊くらいの神学書や哲学書を買ってしまいました。亡命《ぼうめい》チェコ人の古書店の店主夫妻とも親しくなって、当時、チェコスロバキアなど東欧諸国《とうおうしょこく》では一般での発売や閲覧《えつらん》が禁止されていた神学書や宗教書も手に入れました。

語学研修を終えて、１９８８年に、在ソ連日本国大使館に赴任することになります。外交官としての仕事は忙しく、イギリスで買った神学書をゆっくり読み解くようなヒマはありませんでした。

当時は東西冷戦《とうざいれいせん》の時代でした。

東西冷戦とは、アメリカ合衆国を盟主《めいしゅ》とする「西側諸国」といわれる資本主義・自由主義陣営《じんえい》と、ソビエト連邦を盟主とする「東側諸国」といわれる共産主義・社会主義陣営との対立構造を言います。当時日本は「西側諸国」の陣営にありましたから、ソ連から見ると、敵陣営です。そしてソ連の人から見れば、日本人の外交官は、諜報活動《ちょうほうかつどう》しに来ているんだろうと見られるわけです。諜報活動とは、敵国の情報を、ひそかに入手し、自国に伝えることです。

ですから、ソ連での外交官時代には、身の危険を感じたことが何度もあります。とてもハードな仕事でした。

在ソ連日本国大使館に赴任中、一番衝撃的だった事件は、1991年8月、ソ連共産党《きょうさんとう》守旧派《しゅきゅうは》によるクーデターに居合わせたことです。

わたしは「敵陣営の外交官」ではありましたが、キリスト教にくわしかったので、そのことで何人かのソ連の政治家が親しくしてくれました。そのおかげで、ソ連の大統領だったゴルバチョフが軟禁《なんきん》されたときも、その生存情報をいち早く日本に伝えることができました。

このクーデターが失敗して、ソ連は自壊過程《じかいかてい》に入ります。1991年12月、「東側諸国」の盟主だったソ連が崩壊したことは、世界中に衝撃を与えました。

わたしは外交官として忙しく仕事をしていましたが、そのかたわらで、1992年から1995年までモスクワ国立大学哲学部で、プロテスタント神学の講師を務めました。そのときには、イギリスで買い集めた英語の神学書などが、とても役に立ちました。

仕事をしながらも、わたしはキリスト教の研究をコツコツと続けていました。

突然の逮捕

日本に帰国すると、わたしは外務省のなかで、国際情報局分析《ぶんせき》第一課主任分析官《しゅにんぶんせきかん》というポストを与えられました。

そして1997年に行われた、内閣総理大臣・橋本龍太郎とロシア連邦大統領・ボリス・エリツィンの日ロ首脳会談にもとづき、北方領土返還《ほっぽうりょうどへんかん》の交渉に邁進《まいしん》します。北海道出身の鈴木宗男さんという国会議員と協力して、ロシアから北方領土を返還してもらうべく、現実的な着地点を探っていました。

いろいろな交渉をしましたが、2000年3月にロシア連邦大統領がプーチン大統領になってからのことを言うと、北方領土4島のうち、まず歯舞群島《はぼまいぐんとう》、色丹島《しこたんとう》の2島を返してもらう交渉を進め、それと同時に、残りの2つの島が日ロのいずれに帰属《きぞく》するかについて交渉していました。

鈴木さんとわたしは、まずは歯舞、色丹の2島を返還してもらうことが、日本にとって、最大の国益《こくえき》につながると考えていたのです。

ところが2002年、北方領土交渉に積極的に取り組んでいた鈴木宗男さんに疑惑《ぎわく》が持ち上がります。当時、「鈴木宗男事件」と呼ばれ、マスコミでも騒がれました。

2002年5月14日、鈴木宗男事件に連座《れんざ》して、わたしは東京地方検察庁特別捜査部《けんさつちょうとくべつそうさぶ》に逮捕されました。連座というのは、ある人物が何かの罪で捕らえられたとき、その周囲の人たちも一緒くたに捕らえられることです。

そこから、512日間にわたって、東京の小菅《こすげ》にある東京拘置所で勾留《こうりゅう》されることになります。勾留とは、証拠隠滅《しょうこいんめつ》や逃亡などをする可能性があるとして身柄《みがら》を拘束されることです。

わたしは、独房に入れられました。

独房は、3畳の畳のほかに1畳分の板の床があり、そこにトイレと洗面台がついていました。

勾留期間中は、弁護人《べんごにん》以外の人と、面会や手紙のやりとりが禁止されました。さらに、新聞の購読さえ認められませんでした。

狭い部屋に閉じ込められ、外部との接触を遮断《しゃだん》されたなかで、検察官《けんさつかん》の厳しい取り調べが長時間続きます。

たいていの人たちは精神的に不安定になり、一刻も早く自由の身になりたいので、検察官の言いなりになってしまいます。つまり、偽りの供述《きょうじゅつ》をしてでも、外に出たいと思うくらいに追い込まれるのです。

独房のなかで、「どうしてこういうことになったのか」と何度も何度も、自分のなかで考えました。

そして、それと同時に、「なぜ神は、わたしにこういった試練を与えるのか」と考えました。

本の差し入れは、弁護人以外からは禁止されていましたが、弁護人を通せば、手に入ります。わたしは弁護人に言いました。

「聖書を入れてください。プロの牧師が使う聖書で、日本聖書協会が発行している共同訳聖書の、旧約続編付き・引照付き聖書をお願いします」

この聖書は、神学者や牧師が使う聖書で、この1冊があれば退屈せずに、聖書の世界を探索《たんさく》できると思いました。

ヨブの試練

独房のなかでわたしは、旧約聖書の「ヨブ記」を、繰り返し読みました。

「ヨブ記」は、こんなお話です。

いまのヨルダンとイスラエルの間に、ウツという地があり、ヨブという人が住んでいました。

ヨブは敬虔で信仰心があつく、正直で働き者でした。

10人のすばらしい子どもにめぐまれ、広い土地に羊や牛やらくだなどのたくさんの財産を抱えて、家は栄えていました。

神は信仰心のあついヨブが自慢でした。

ところがあるとき、神の前にサタン（悪魔）が現れて、「ヨブが、利益もないのに神を敬うでしょうか。あなたは彼とその一族、全財産を守っておられるではありませんか」と、神にけしかけます。つまり、神が利益をくれるので、ヨブは打算的に敬っているのだ、というのです。

ヨブの信心の強さを信頼していた神は、「それでは、彼のものを一切、お前のいいようにしてみるがよい。ただし彼には、手を出すな」と、サタンの挑発《ちょうはつ》に乗ります。

サタンはさっそく、強盗に略奪《りゃくだつ》させるなどして、ヨブの持っていた羊や牛やらくだなど家畜をすべて奪い去ってしまいます。

さらにサタンは、10人の子どもたちが宴会を開いているところに突風を吹かせます。すると家が倒れて下敷きとなり、子どもたちは全員死んでしまいます。

ヨブは1日のうちに、すべての財産と、すべての子どもを失ってしまいました。

この知らせを聞いたヨブは悲しみますが、衣を裂き、髪をそり落とし、地にひれ伏してこう言います。

「わたしは裸で母の胎《たい》を出た。裸でそこに帰ろう。主は与え、主は奪う。主の御名《みな》はほめたたえられよ。」（ヨブ記1・21）

神を非難するどころか、ほめ讃えたのです。

それでもサタンは引き下がりません。「命のためには全財産を差し出すものです」と神に言うと、今度はヨブをひどい皮膚病にかからせることにします。そうすればきっと、ヨブは神を呪うに違いない。

するとヨブは、頭のてっぺんから足の裏までひどい皮膚病にかかります。肉はうじ虫とかさぶたにおおわれ、皮膚は割れ、うみが止まりません。

見かねたヨブの妻は、「どこまでも無垢《むく》でいるのですか。神を呪って、死ぬ方がましでしょう」と言いましたが、ヨブはこう言います。

「お前まで愚かなことを言うのか。わたしたちは、神から幸福をいただいたのだから、不幸もいただこうではないか。」（ヨブ記2・10）

ヨブの噂を聞いて、3人の友人が心配して、やってきました。

友人たちは、皮膚がただれ、あまりに悲惨《ひさん》なヨブの姿を見て、「ヨブのこころのどこかに神への不信やごまかしがあったから、こんな目に遭っているのではないか？　何か悔い改めるべきことがあるのではないか？　神が理由もなく、こんなひどいことをするはずはない」と迫ります。

しかしヨブは、「このような罰を受けなければならないようなことは、何もしていない」と言い張ります。そして次第に、親友たちと口論のようになっていきます。

苦しみのなかでヨブは、自分は間違っていない、神よりもむしろ自分のほうが正しいのだ、と言わんばかりに訴《うった》えます。

すると、嵐の中から神の声が聞こえてきて、ヨブに答えてこう言うのです。

「お前はわたしが定めたことを否定し自分を無罪とするためにわたしを有罪とさえするのか。」（ヨブ記40・8）

ヨブは神の声を聞いて、驚き、恐れおののきます。

そして、人間の喜びも苦しみ何もかも、すべては神の支配下にあることを、こころから思い知らされるのです。

苦難も試練も、すべては神が定められたこと。だから人間は、ありのままに、すべてことを受け入れるしかない。そのようにヨブは改めて覚悟をしたでしょう。そして、こう言います。

「わたしは塵《ちり》と灰の上に伏し自分を退け、悔い改めます。」（ヨブ記42・6）

これを聞いた神は、満足して、ヨブに祝福を与えます。彼をもとの体に戻し、もともと持っていた2倍の数の家畜を与え、新たに10人の子どもをもうけさせます。ヨブはその後、140年生き、子、孫、4代の先まで見て、長寿をまっとうしました。

ヨブのような良い生き方をしても、突如、不幸や不遇《ふぐう》は降りかかることがある。大事なことは、それすらも神の御心として受け入れ、神を祝福することだと、わたしは思いました。

独房のなか

日本の法律では、検察が逮捕して起訴《きそ》するまでの間、実質22日間（警察が逮捕する場合は23日間）の勾留が認められています。しかし実際は、検察側が裁判所に延長を申請《しんせい》し、認められれば、いくらでも日数が加算されていくのです。

ですがわたしのように、512日間も勾留されることなど、ふつうはまずないと思います。たいていはその前に、検察の厳しい取り調べにまいってしまい、偽りの供述をして、釈放《しゃくほう》されようとするからです。

検察側は、鈴木宗男さんを追い込むために、わたしが偽りの供述をすることを望んでいました。しかしそういう供述をすることを、わたしは最後まで拒《こば》みました。

偽りの供述をして、仮に自由になったとしても、神はすべてを見て知っています。わたしは、それを一生、悔やむでしょう。

わたしは誰かを恨んだり、運命をなげいたりすることなく、この試練を正面から受け止め、イエス・キリストにならって、生きてみようと思いました。

独房のなかは、最初のころこそ精神的に追いつめられましたが、次第にその環境にも慣れてきました。考え方によっては、周囲の雑音にわずらわされることなく、存分に読書や思索《しさく》をするには、絶好の環境でした。

わたしは220冊の本を読み、記録したノートは60冊以上にもなりました。聖書については、旧約聖書を、これまでになく本格的に読みました。さきほどのヨブ記や、エゼキエル書などの話が、不思議なリアリティを持って、わたしの人生に迫ってきました。

また、学生時代に神学教師や友人たちから学んだことや、ソ連崩壊のときの政治家たちのふるまいのことなど、過去の人生にあったことをいろいろと整理して、考えました。

孤独と不安に押しつぶされるはずの独房という場所が、自分と向き合う、これ以上とない場となったのです。

キリストにならいて

独房のなかには、最低限必要な物しか置いてありません。

「目に見えるもの」が、極限まで少ないのが、独房と言えるでしょう。

もしも、そんな環境で「目に見えるもの」、つまり物質しか信じられない人だったとしたら、不安と孤独のなかで、おかしくなってしまうと思います。

わたしは幸い、キリスト教という宗教を通じて、「目に見えないもの」の存在を大事にしてきたので、独房という極端な環境でも耐えられたのではないか、と考えています。

そして独房のなかで聖書を読むことは、「目に見えないもの」を信じる力を、より強くしてくれました。

2003年10月8日、わたしは保釈《ほしゃく》されます。

その後裁判で争いながら、2005年に『国家の罠《わな》』（新潮社）という本を出版しました。外務省にいたころから、逮捕され一審《いっしん》判決が出るまでの経緯を書き記したものです。

この本が評価されたことがきっかけとなり、職業作家としての道を歩み始めることになります。わたしは作家になろうという気持ちがまったくありませんでしたが、いざなってみると、これは天職だったと感じています。

このことも、何か「目に見えないもの」に、導かれているような気がしてなりません。**「わたしたちは見えるものではなく、見えないものに目を注ぎます。見えるものは過ぎ去りますが、見えないものは永遠に存続するからです。」**（コリントの信徒への手紙Ⅱ 4：18）

おそらくみなさんも、これからの人生のなかで、思いもよらない苦しいこと、つらいことを経験することがあると思います。もしかすると、いますでにそんな思いをしている人もいるかもしれません。

しかしそういう逆境のとき、苦難のときには、「目に見えないもの」の存在を信じてみてほしいと思います。

逆境も苦難もすべては神の御心で、神に与えられた試練だと思えば、自分をより信じて立ち向かっていくことができます。

亡くなった母は、わたしが子どものころから、

「神様はいると思う。それだから、あの沖縄戦でもお母さんは弾《たま》に当たらなかった。この命は神様から与えられているので、大切にしなくてはならないと戦争を通じて実感した。人間にとって大切なのは、自分の命や能力をイエス様が行ったように、他人のために使う

ことだ。もちろん人間は神様じゃないから、完全にはなれない。しかし、ほんの少しだけでもイエス様の生き方を見習って、他人のためになる人生を送ってほしい」という話を、よくしていました。

わたしもこのように、目に見えないものを信じながら、「受けるより与える」の実践を、これからも努力していきたいと思っています。

「それゆえ、信仰と、希望と、愛、この三つは、いつまでも残る。その中で最も大いなるものは、愛である。」

（コリントの信徒への手紙Ⅰ　13：13）

青春新書
INTELLIGENCE

こころ涌き立つ「知」の冒険

いまを生きる

"青春新書"は昭和三一年に——若い日に常にあなたの心の友として、その糧となり実になる多様な知恵が、生きる指標として勇気と力になり、すぐに役立つ——をモットーに創刊された。

そして昭和三八年、新しい時代の気運の中で、新書"プレイブックス"にその役目のバトンを渡した。「人生を自由自在に活動《プレイ》する」のキャッチコピーのもと——すべてのうっ積を吹きとばし、自由闊達な活動力を培養し、勇気と自信を生み出す最も楽しいシリーズ——となった。

いまや、私たちはバブル経済崩壊後の混沌とした価値観のただ中にいる。その価値観は常に未曾有の変貌を見せ、社会は少子高齢化し、地球規模の環境問題等は解決の兆しを見せない。私たちはあらゆる不安と懐疑に対峙している。

本シリーズ"青春新書インテリジェンス"はまさに、この時代の欲求によってプレイブックスから分化・刊行された。それは即ち、「心の中に自らの青春の輝きを失わない旺盛な知力、活力への欲求」に他ならない。応えるべきキャッチコピーは「こころ涌き立つ"知"の冒険」である。

予測のつかない時代にあって、一人ひとりの足元を照らし出すシリーズでありたいと願う。青春出版社は本年創業五〇周年を迎えた。これはひとえに長年に亘る多くの読者の熱いご支持の賜物である。社員一同深く感謝し、より一層世の中に希望と勇気の明るい光を放つ書籍を出版すべく、鋭意志すものである。

平成一七年　刊行者　小澤源太郎

著者紹介

佐藤 優〈さとう まさる〉

1960年東京都生まれ。作家、元外務省主任分析官。85年、同志社大学大学院神学研究科修了。外務省に入省し、在ロシア連邦日本国大使館に勤務。その後、本省国際情報局分析第一課で、主任分析官として対ロシア外交の最前線で活躍。2002年、背任と偽計業務妨害容疑で逮捕、起訴され、09年6月有罪確定。現在は執筆や講演、寄稿などを通して積極的な言論活動を展開している。

13歳《さい》からのキリスト教《きょう》　青春新書 INTELLIGENCE

2021年8月15日　第1刷

著者　佐藤《さとう》　優《まさる》

発行者　小澤源太郎

責任編集　株式会社プライム涌光

電話　編集部　03(3203)2850

発行所　東京都新宿区若松町12番1号 〒162-0056　株式会社青春出版社

電話　営業部　03(3207)1916　振替番号　00190-7-98602

印刷・中央精版印刷　製本・ナショナル製本

ISBN978-4-413-04627-5
©Masaru Sato 2021 Printed in Japan

本書の内容の一部あるいは全部を無断で複写(コピー)することは著作権法上認められている場合を除き、禁じられています。

万一、落丁、乱丁がありました節は、お取りかえします。

こころ涌き立つ「知」の冒険!

青春新書 INTELLIGENCE

弘兼流 やめる! 生き方	弘兼憲史	PI・602
会社を離れても仕事が途切れない7つのツボ	伊藤賀一	PI・603
ウイルスに強くなる「粘膜免疫力」	溝口 徹	PI・604
認知症グレーゾーン 「人の名前が出てこない」だけではなかった	朝田 隆	PI・605
感情を〝毒〟にしないコツ 心と体の免疫力を高める「1日5分」の習慣	大平哲也	PI・606
あの神様の由来と特徴がよくわかる 日本の神様の「家系図」	戸部民夫	PI・607
英会話 言わなきゃよかったこの単語	デイビッド・セイン	PI・608
脳科学者が教える「ストレスフリー」な脳の習慣	有田秀穂	PI・609
ボケたくなければ「奥歯」は抜くな	山本龍生	PI・610
リーダーとは「言葉」である 行き詰まりを抜け出す77の名言・名演説	向谷匡史	PI・611
自衛隊メンタル教官が教える 心をリセットする技術	下園壮太	PI・612
「エビデンス《科学的根拠》」の落とし穴	松村むつみ	PI・613
自分で考えて動く部下が育つすごい質問30	大塚 寿	PI・614
血糖値は「腸」で下がる 腸からインスリン・スイッチをオンにする生活習慣	森 豊 松生恒夫	PI・615
最速で体が変わる「尻《しり》」筋トレ 1日5分! 世界標準の全身ビルドアップ術	弘田雄士	PI・616
〝スカノミクス〟に蝕《むしば》まれる日本経済	浜 矩子	PI・617
教科書の常識がくつがえる! 最新の日本史	河合 敦	PI・618
ビジネスが広がるクラブハウス	武井一巳	PI・619
語源×図解 くらべて覚える英単語	清水建二	PI・620
ストレスの9割は「脳の錯覚」 思考グセに気づけば、もっとラクに生きられる	和田秀樹	PI・621
還暦からの人生戦略 最高の人生に仕上げる〝超実践的〟ヒント	佐藤 優	PI・622
2035年「ガソリン車」消滅	安井孝之	PI・623
2030年を生き抜く会社のSDGs	次原悦子 サニーサイドアップグループ	PI・624
ミッドライフ・クライシス	鎌田 實	PI・625

お願い ページわりの関係からここでは一部の既刊本しか掲載してありません。折り込みの出版案内もご参考にご覧ください。